探求
メジャーブランドへの道
ROAD TO A MAJOR BRAND

SEARCH / BRAND CONCEPTION / DESCRIPTION OF BRAND / VISUAL OF
ASSESSMENT BY GRAMCO BRAND ONE / GRAMCO BRAND MODEL DETERMI
E / DESIGN / PERSONALITY / MANAGEMENT SYSTEM / POSITIONING / CONTAC
MER FOCUS / MESSAGE / GRAMCO ADVOCATES CREATIVE BRANDING APPROA

はじめに

 わが国で、企業が積極的にブランド戦略に取り組むようになって、すでに10年近くが経過した。
 先行したのはまず大手企業、それも消費者を相手に商品・サービスを提供しているＢ２Ｃ企業だったが、いまその流れが、Ｂ２Ｂ企業や中堅企業、老舗企業、ベンチャー企業へも広がりつつある。

 本書は、2003年６月、税務経理協会から創刊された知的財産関連情報を提供する新雑誌『Right Now！（ライトナウ）』（隔月刊）に、2003年８月号（創刊号）から2004年４月号まで６回にわたって連載された原稿をまとめ、全面的に加筆・修正を加えたものである。さらに本書刊行にあたって、ブランド構築プロセスを具体的に説明し、併せていくつかのブランド構築事例（ただし架空事例として）を紹介した第７章を付け加えた。
 ライトナウ執筆にあたって、編集部から「わかりやすく観念的になりすぎない内容と文体で書いてほしい」との依頼があったため、多少脱線しながら折々に肩の凝らない話題を交えたり、グラムコの制作カンパニー（制作部門）で描いた挿絵のイラストを加えたりして、頭でっかちになりすぎないすらすら読める流れに仕立てた。
 実際に取材した事例も、多々織り込んである。

 ブランド戦略の遂行自体、担当者にとっても企業にとっても、存亡

をかけて取り組む一大事業であることに間違いはない。ただ、悲壮感をもって取り組んでも良い結果は得られない。前向きかつ楽観的に取り組んだほうがよい。だから私は、「Branding is Entertainment」と日頃から言っている。楽しみながらブランド構築に挑んでいただきたい、という趣旨である。社員というインターナルなステークホルダーに対しても、もちろん顧客をはじめとするステークホルダーに対しても、わくわくするようなブランド体験を提供していくことが使命なのだから、ブランド推進者側がしかめっ面をしていても盛り上がらない。中国の古い諺に、「人をもてなすなら主がまず楽しめ」という言葉があるが、この精神が当てはまるだろうと思っている。

　多分、平明な文体や筆致から、そうした雰囲気は汲んでいただけたのではないかと期待している。

　本書では、いくつかのメソッドを紹介している。グラムコ独自のブランドプラットフォーム「ブランドモデル™」や「グラムコブランドワールドデザイン™」などもそうである。こうしたツールを用いて、「顧客のブランド体験」を一繋がりのものにする「ブランドリング™」という体験接点連鎖の考え方も提示している。

　また、これからの時代、ブランド構築は「クリエイティブブランディングアプローチ」であるという提言も行わせていただいた。ロジカルシンキングとクリエイティブシンキングのバランスを取りながら、つまり、確固たる裏づけを持ったデータを片手に、ロジカルに特定顧客や位相の異なる市場を狙うなどの作業を進める一方で、創造的でユニークな発想をどんどん出していかなくてはならない。ブランド構築

プロセスの当初から、クリエイティブチームを参画させ、戦略顧客像や自らのパーソナリティを、ビジブルに浮かび上がらせていくというような作業は、デザインの力を借りるとよい、という提言もしている。
　手前味噌になるが、私の会社、グラムコでは、東京や上海（現地法人・グラムコ上海が担当）で独自の定期ブランド調査を行ったり、それを分析したりといった、左脳を駆使したアナリシスワークも行うが、コンセプションからは当社の制作カンパニーのデザイナーたちも参加して、クライアントとともに右脳も最大回転させて纏めていくようにしている。右も左も活性化させて臨まなくてはならないのが、このブランディングの大変なところであると同時に、やりがいや楽しさを感じる醍醐味でもあるのだ。

　本書を読んでいただければ、ブランド構築のイロハ、要諦はご理解いただけると思う。ただ、この本に書かれていることだけがセオリーではないし、このとおりにやればすべてうまくいく、というものでもない。それぞれの企業風土に合致した進め方があるものだ。
　ともあれ、世界の中でMade in Japanのブランド力低下やブランド存在感希薄化が叫ばれている昨今である。また、近くに中国という一大市場を抱えながら、日本国内でも内なる国際化が進展する今日この頃である。

　日本企業には技術力がある。匠の精神ともいえる真面目な気質も備えている。これがブランド基盤ともいえるファクト（事実）である。
　他方、国民性としても少々不足ぎみなのが、自己をアピールする能

力と創造的発想力である。この部分を、ブランド構築を推進する中で、育み伸ばしていただければと思う。そうすれば、ジャパンブランドは世界で勝てる。

　近頃ご相談を受ける事案の中で、ブランド構築に前向きなのはいいが、まだファクトが十分提示できる段階にないものもある。外見を美しく磨いてイメージだけを武器にしても、ブランドは築くことができない。

　ブランドはいくつもの真実で形づくられている。少なくともいくつもの真実を創り出そうという真摯な意欲を伴わなければ、人々に認知してもらうことは不可能だ。

　換言すれば、「ブランドとは、ファクトとチャレンジでできている」のである。ここは必ず押さえておいていただきたい。

　大手企業の方も中堅中小企業の方も、メーカーもサービス業も、ベンチャーも老舗も、「一体自分たちはどうすれば顧客の共感を獲得できるのか」「どうすればあのブランドに勝るバリューが提供できるのか」という視点から発して、実力を伴う強いブランド、他とは一味違うユニークなブランド構築に邁進していただきたい。

　最後に、本書中紹介させていただいた、ブランド構築に意欲的な企業の御担当者の皆様と、連載をまとめて本書に仕上げて下さった税務経理協会ライトナウ編集部の皆様に、心から御礼申し上げます。

2004年8月

　　　　　　　　　　　　山田　敦郎（グラムコ株式会社　代表）

ブランドは、人と真実で創られている

http://www.gramco.co.jp

探求メジャーブランドへの道

目次

はじめに ……………………………………………………………………………… 1

第1章 どうしていま、ブランドなのか？！ …………………………………… 9
よく目にするブランドという言葉／ブランドは戦略である／ブランドが注目されるわけ
ブランドがお客様に保証するもの／ブランドとは体験・共感・それらを表す目印
ブランド戦略がもたらしてくれるもの／ブランドは企業にとっての資産である
どうすればブランドになれるのか／クリアすべき4つの条件

第2章 ブランド形成の3大要件とは？ そしてBIとは？ …………………… 27
世界がブランドを目指している／世界というひとつの市場で地歩を固めるブランド戦略
ブランド戦略導入のきっかけ
ブランドの基本は「BI構築」「ブランド構造整理」「ブランド体験接点づくり」
まず、ブランドのアイデンティティを考えよう／ブランドと人との関係は恋愛に似ている
最後に、私自身の「ブランド体験」

第3章 ブランド体験と、そのコンタクトポイントとは？ …………………… 47
スクリーンの中のブランド／人の脳の機能／無数にあるブランドコンタクトポイント
コンタクトポイントとしてのウェブの重要性／コンタクトポイントのビフォー＆アフター
どっぷり浸る「場」での体験／ライブイベントによるブランド体験
ブランド体験の要諦は「連関性」「一貫性」／経営トップはブランドスポークスマン

第4章 ブランドの構造とは？ ワンブランドとマルチブランドとは？ …… 67
正しい親子関係についてそして大きな家とマンションについて
ブランドモデルの中の重要事項それがブランド構造／ブランドマネジャー制
ブランドの階層構造と上位概念のコーポレートブランド／商標ノット・イコール商号
親から子へのエンドース子から親へのリフト／親と子の繋がりは希薄か、濃厚か
ワンブランドか、それともマルチブランドか／ワンブランド戦略採用のメリット
ワンブランド、ソニーのブランド拡張への挑戦
マルチブランドはカオスか、それとも巧妙な戦略か
顧客を上へと誘うブランド／マルチブランドによる市場制覇

第5章　ブランドデザインとは？　クリエイティブブランディングとは？　…93
国境を越えるブランドデザイン／ブランドは「表現」によって伝達される
磨くほどに輝きを増す宝物、ブランドシンボル／ブランドの価値を提示するメッセージ
顧客接点での一貫性をどう達成するか？

第6章　インターナルブランディングとは？　ブランドブックとは？　………111
経営者の理解を得たブランド戦略／ブランド戦略の変遷
多分野に拡がるブランディング／インターナルブランディングとは何か
ブランドコンタクトポイントとしての「人」／人への信頼がブランドの信頼
自分がお客様なら、してほしいことは何か／企業変革をブランディングで追求
15秒の態度がブランドを決める／インターナルな施策の数々
ブランドブックとは何か／キーワードは「ブランドチャレンジ」！

第7章　実践。ブランディング道場　……………………………………137
架空のプロジェクトを立ち上げてみよう／ブランド構築プロセス全体像
ブランド構築プロセスの詳細
仮想プロジェクト1　ある老舗企業のブランドリバイタルプロジェクト
仮想プロジェクト2　あるB2B企業のブランド力強化プロジェクト
仮想プロジェクト3　ある大手メーカーのグローバルブランド統合プロジェクト

付　録　グラムコ定期ブランド調査・2004年版（抜粋）　……………………165

第1章
どうしていま、ブランドなのか？！

よく目にするブランドという言葉

　いま巷では、「ブランド」という言葉が飛び交っている。ある企業が行った調査によると、新聞各紙に「ブランド」について掲載される回数が、爆発的に増えているらしい。

　1997年にはおよそ7,000回（おそらく朝日、読売、毎日、日経、産経、東京の6紙合計）だったのが、2000年には1万3,000回に増えた。2002年の数字は公表されていないが、私の会社で1週間あたりの登場回数から年間掲載回数を推計したところ、約2万5,000回にのぼった。

　これらの数字には、スポーツ紙・週刊誌・月刊誌・婦人誌・情報誌などは含まれていないし、テレビ・ラジオのようなメディアも無論含んでいない。ビジネスマンにせよ主婦にせよ学生にせよ、知らず知らずのうちにブランドに敏感になってきているのではないかと思われる。ちょっとここのところみんなが気にするようになった言葉、それが「ブランド」なのだ。

　意外なようだが、このブランドという言葉、日本経済新聞に結構登場している。それは企業が、こぞって「ブランド戦略」に取り組み始めたからだ。経営の中心課題として、自社のブランド力を向上させようと努力しているのだ。経営者へのインタビュー記事などでは、「コスト削減」「新製品開発」「グループシナジーの向上」「海外市場戦略」などと並んで、「コーポレートブランド価値の向上」が語られることが多くなった。

ブランドは戦略である

　企業のブランド戦略への取り組みは、もともと米国に端を発する。とりわけ1990年代に入ってから盛んになった。元カリフォルニア大学教授で、電通の顧問にも就任したデービッド・A・アーカー氏らが提唱し、IBMやヒューレットパッカード、シティグループやフェデックス、GM（ゼネラルモータース）など、名だたる米国企業ないしは企業グループが、ブランド戦略に取り組んできた。その流れが、ついに日本にもやってきたということなのである。

　それ以前から米国では、商品や商品群別にブランドマネジメントを行うという考え方が定着しており、P&Gなどの多くの商品を擁する企業で、プロダクトブランドマネジメントという発想は根付いていた。英国のユニリーバ（日本では日本リーバ）やスイスのネスレなどもそうだ。
　一方、ここへ来て注目されているのは、プロダクトもさることながら、コーポレートやグループのブランド構築、または再構築（リポジショニング）である。企業自体のブランド力を上げることによって、その傘下にある各種の商品ブランドやサービスブランドまで強化していこうという考え方なのだ。企業のブランドが、商品のブランドを強化する「エンドースメント」（保証力）になるというわけだ。

　すでにおわかりのとおり、ブランドとは、もう「ブランドもの」「ブ

ランド品」の世界にとどまらない「企業戦略」のレベルにまで達している。もちろん、エルメスやルイ・ヴィトン、ロレックスやベンツなどのブランドものを擁する企業も、その根底に、目を見張るほどの考え尽くされたブランド戦略を築き上げている。今年ブームが来たけれど、来年になったらもう売れない、というようなブランドものがあるとしたら、それは最初からブランドではない。本書では、ブランド構築の理論と実際を、時には事例を紹介しながら、じっくりと追究していきたいと思う。

ブランドが注目されるわけ

では、どうしていま、ブランドなのか？

企業の側からすれば、実に切実な問題。それはモノが売れないことだ。日本市場に限っていえば、もうモノ余り時代である。大概の消費者は、生活していく上で必要なモノを、ひととおり保有している。よほど食指が動くような刺激的なモノが目の前に現れない限り、消費行動を起こしづらい。

世帯あたりの支出も絞り込まれたままだ。ディスカウントショップは幅を利かせているが、とにかく高く売るのは難しい。

東京の方なら秋葉原へ行ってみてほしい。大阪の方なら日本橋へ。新製品で登場した商品の値段は、2週間、3週間もすると1〜2割下がっている。新製品が出たとたん、他の製品はびっくりするほどに値段が下がる。これでは製造コストをカバーできない。採算割れしてしまう。

また、技術力の向上などで、各社の商品がみんな似てきてしまった。商品そのものでの差異化が図りにくくなっているのだ。

　国内における国際競争も激化の一途である。外資ブランドが続々と日本市場に攻めこみ、食い込んでいく。日本企業もブランドにはブランドで対抗せねばならない。無論、海外でも日本ブランドを強化しなくてはならない、ということになる。

　さらに、次のような背景もある。「商品はいまや売るものではなく、買われるものである」という理屈だ。店員がもみ手で顧客を勧誘する時代は終わった。いまどきの顧客は押し売りが大嫌いだ。良いモノを見分ける目も確かで、購買行動を起こす前にウェブなどもチェックしたりするから、知識も豊富だ。自分でしっかり選択する能力があるのである。踊らせにくい顧客たち、自分で選ぶ顧客たち。商品やサービスを提供する企業側にとっては、扱いにくいお客様なのである。こうしたお客様は、店員なんていないほうがいいのである。だから、セルフの売場のほうがよく売れる。売り子のいない売場では、顧客が自主的な判断で選んでくれるブランドにならねばならない。こうした危機感が商品提供側にはあるのだ。

ブランドがお客様に保証するもの

　一方、お客様の側にも事情がある。生活者、消費者たちは、あとで後悔するような消費を望まない時代である。失敗したくない、無駄遣いもしたくない。そこで、「この会社の商品なら間違いない」「このブ

ランドなら裏切られない」というブランドの「保証機能」を手がかりに、モノやサービスを選ぶようになってきている。

　さらに、ブランドの「自己代弁機能」というのもある。その商品を保有することで、自分を表現しようとする傾向があるのだ。センスがいいね、と人に思われたいし、ライフスタイルを所持品で体現することができる。他人に見せびらかせて自己顕示欲を満たすという意味ではない。自分のこころの満足を得ようとしているに過ぎない。ブランドの輝きに重ね合わせて、自分を輝かせたいと思う人も多い。消費が行き着くところまで行くと、当然こういうことになるのである。

　いま一度、「どうしてブランドなのか」まとめてみよう。
　企業の側からは、⑴モノが売れない、⑵高く売れない、⑶他商品との差異化ができない、⑷メジャーブランドと戦わねばならない、⑸何よりも押しつけではなく、顧客の主体性に合わせて選び取ってもらわねばならない。
　消費者の側から言えば、⑴間違いないものを選びたい、⑵自己表現したい、⑶あるいは自分のライフスタイルに合う商品・サービスを選ぶことで、こころを満たしたい。
　そうした双方の希求するところが、いまのブランドへの志向という流れに結びついているのである。

　企業と顧客の関係は、企業と消費者（Business to Consumer＝本書ではＢ２Ｃと書く）の関係だけではない。企業対企業（Business to Business（Ｂ２Ｂ））の場面でも同じようなブランド志向が始まっている。

いわゆる系列や株の持ち合いがなくなりつつある中で、購買者側の企業にも選択の自由度が高まっている。また、たとえば、IT化に取り組む企業があるとしよう。一体どのコンピュータメーカーのものを選ぶのか、どのITコンサルにシステムやIT戦略の構築を依頼するのか。ここでもブランドが手がかりにされるようになってきた。間違いのないところを選択したいと思うのは世の摂理である。

ブランドとは体験・共感・それらを表す目印

それではここで、ブランドとは一体何かをきちんと定義してみよう。
⑴　顧客の記憶の中に蓄積されるプラスになる良い体験、良い印象の総体がブランドである。
⑵　企業からお客様への約束と実行であり、その結果生まれるお客様から企業への期待と共感である。
⑶　良い記憶の蓄積や、期待・共感を表すシンボルであり、消費者や購買者が間違いない買い物をするための目印である。

「セブンイレブンのお弁当ならどれでも美味しい」「無印良品に行けばたいがい欲しいモノが手頃な値段で見つけられる」「フジテレビの月曜9時のドラマは期待できる」「スタジオジブリの作品なら次も観たい」「ヴィトンのバッグはデザインもいいけれど頑丈だ」「ソニーの商品はいつもスタイリッシュだ」「ホンダのクルマはエンジン性能もいいが何だかワクワクさせられる」……。
　皆さんも、こうした「プラスイメージの蓄積」を頭の中のどこかに

（脳内の側頭葉なのか連合野なのか、あるいはシナプスの中に）持っているはずだ。良い経験を積み重ねることによって、人は企業や商品をブランドと認めるようになるのである。

　企業は顧客に「約束」をする。つねに高品質のものを、欲しいと思えるものを、ワクワクするものを、奇抜であっと言わせるものを、素晴らしいデザインのものを提供する、という約束をするのである。そしてその約束を実行に移すことで、顧客の共感なり、次への期待なりを生み出すことができる。それこそがブランドである。

　昨今の企業における不祥事を思い起こしていただきたい。顧客の期待を裏切る企業は、決してブランド企業にはなり得ない。

ブランド戦略がもたらしてくれるもの

　では、こうしたブランドになれたら、一体企業はどういう報酬を手にすることができるのだろうか。それは「高く売れる」「たくさん売れる」「ずっと長く売れる」のいずれか、あるいはそれらのすべてである。

　ブランド・イコール・高級品という考え方が、これまで一般的であっ

たことは間違いない。1着7万円のワイシャツ、1足20万円の靴、1つ100万円の鞄、1個3,000万円の腕時計、1戸12億円のマンション（最近売り出された某マンションブランドの物件）……とまぁ、上を見れば切りがないのだが、近所のスーパーで買える金額の何倍、何十倍を払ってでも手に入れたいものがブランド（あるいはブランド品）のイメージだった。実際の製造原価も、スーパーで売っているものよりはるかに高くついているのだろうが、この価格差が、企業にとってのブランド利益である。

　ただし、高価なものでなくても、ブランドになれる。たとえば、120円の缶コーヒーにも、ブランドであるものとそうでないものがある。缶コーヒーにプレミアム的な価値を付加して、150円で売ろうという試みもあるが、それよりもこうした安価な飲料は、たくさん売ったほうが儲かるだろう。そして、顧客の期待や共感を得るブランドになれれば、缶コーヒーは高く売れるのではなく、たくさん売れることで利益を得るのである。

　そして最後の成果だが、高額商品も廉価な商品も、人々にブランドと認知されることにより、「ずっと長く売れる」という期間の利益を手に入れることができる。

ブランドは企業にとっての資産である

　このように見てくると、ブランドがこれからの企業にとっていかに重要な戦略であるか、おわかりいただけただろう。ブランドとは、企業にとって大切な「財産」と言ってもいいものだ。ソニーショックを

契機に、登り調子のパナソニック（松下電器産業）に比べて、ソニーのブランド力は落ちた、と言われているが、ソニーは今でも十分に世界のブランドである。井深さん、盛田さん以来、同社の代々のトップは、社員に対して、「『SONY』の四文字は当社にとって最大の財産である」「その財産を失うと、あとに残るものは何もないんだ」と言い聞かせ続けてきたという。ブランドを守れ、傷つけるな、消費者の期待を裏切るな、というわけだ。そしていま、日本企業の中でブランドの重要性に気付いた経営者は、自社ブランドを守り、高めていくことに必死で取り組みはじめているのである。

この流れに拍車をかけているのが、各種の「ブランド価値評価」である。これは、インタンジブル・アセット（無形資産）に占めるブランドの価値を金額換算しようという試みである。

© 2004 Gramco Limited

日本経済新聞社が、一橋大学の伊藤邦雄教授と手を組んで2001年10月より行っている、伊藤日経モデルによるランキングが有名である。2003年12月に公表された数字は、トヨタが１位（５兆6,600億円）、NTTドコモが２位（４兆4,900億円）、キヤノンが３位（３兆600億円）、そして前回３位だったソニーは３兆500億円で４位に入っているのだが、こうしたランキングが、日本企業の経営者を燃えたたせたことも事実だ。「なぜ、競合するＸ社よりウチのほうが安いんだ！」という危機感を芽生えさせるのに、極めて有効だった。

　さらに、経済産業省企業法制研究会ブランド価値評価研究会（委員長：早稲田大学教授広瀬義州氏）においても、財務諸表のデータを基盤にしながら、当該企業のブランド価値を測定する手法が開発された。
　2002年６月に、このモデルによる価値ランキングが発表されている（ただし、2001年３月末の財務データによる）。こちらのランキングで１位に輝いたのは「ソニー」（４兆4,200億円）である。２位はトヨタで２兆円であった。

　一方、米国では、ビジネスウィーク誌がブランドコンサルティングファームと組んで、かなり前からブランド資産価値を公表してきた。2004年７月の発表によると、１位はコカコーラで673億ドル（１ドル＝110円として７兆4,000億円）、２位はマイクロソフトで613億ドル（同６兆7,400億円）、以下IBM、GEと続く。日本勢は、トヨタが９位、ホンダ18位、ソニー20位、キヤノン35位、任天堂46位、パナソニック77位、日産90位であった。

その算出方法は、ブラックボックスの中に隠れている部分が大きく、伊藤教授や経済産業省のモデルほど明快ではないが、将来キャッシュフローを算定し、その中にあるブランド力によるキャッシュフロー額を測定し、さらにそこからリスクを加味して割り引き、現在価値を算定するというプレミアム利益法を用いているようだ。

財務諸表上に、こうしたブランド価値を計上しようとの動きもみられる中で、オンバランスされている土地や建物や製造設備といった有形資産よりも、オフバランスされている無形資産が重視される時代になってきた。実際に当社が株式時価総額を用いて試算してみたところ、業績が好調なA社と、同業なのに低調なB社の比較において、好調なA社は、過去15年の無形資産の伸びでB社をはるかに凌いでいるという結果がみられた。

どうすればブランドになれるのか

ブランド企業になるための絶対的、本質的な条件とは、一言で言えば「お客様の立場に立つこと」。そして「お客様にとっての価値（バリュー）を高めていくこと」「お客様への約束を確実に実行すること」である。

ここまでずっと、お客様という言葉を用いてきたが、ブランド戦略の世界では、これを「ステークホルダー」と呼ぶ。企業活動に関係して何らかの損得関係を結ぶ人々をそう呼ぶのだ。消費者や顧客だけでなく、そこには株式公開企業なら機関投資家や個人投資家が含まれる

し、原材料を売ってくれる取引先や、商品を扱ってくれる代理店、小売店なども入る。また、内なる人々、従業員や関係会社の雇員も含まれる。広くは、生活者全体、あるいは社会全体もステークホルダーといえるだろう。

　従業員が誇りを持てるブランドは、企業の業績が上がった結果、従業員の給与に反映されるだろう。不祥事で企業が消滅すれば、日本経済への影響は絶大だ。金融機関への不安感は、社会、国民全体が共有する問題だ。そのように考えると、ブランドの視点に立たずとも、企業は重い責任を担っている。というわけで、ブランド論でも、企業を評価し企業をブランドと認めるかどうかは、大きな概念で捉えるステークホルダーにかかっているのである。そして企業はこうしたさまざまな人々に対して、ブランドバリューの提供を約束せねばならないのである。

クリアすべき4つの条件

このようなブランドを支える背景には、「ブランドモデル」の構築が必要となる。ブランドのコンセプトを整理し、分析的、構造的に捉え、記述し、社内で共有化することが欠かせない。このブランドモデルについては、本書の中で、別途詳しく解明していくことにしよう。

ほかにも、ブランドになるための基本条件がある。

ブランドの4条件
(1) **卓抜性**（ないしは頑固一徹な匠の気質）

比類なきエクセレンスへのこだわり。品質の徹底的追求、良いものだけを届ける頑固一徹な職人気質ともいえる。エルメスやメルセデスベンツやロレックスを思い浮かべてもらいたい。1839年創業のエルメスはもともと馬具工房だったのだが、第一次世界大戦後、鞍の製造技術を鞄に活かし、ケリーバッグなどで新たな評価を獲得した。そしてその後、オートクチュールやスカーフ、ジュエリー、時計などの分野へと「匠」の技を拡げていく。著名なブランドを持つ企業が、ライセンシーにライセンス生産を許諾し、自らが製品を手掛けないケースも多いが、エルメスの場合は馬具工房時代からの掟として、自分たちが作れない商品は世の中に出さない。時計も自身のスイスにある工房で制作している。

(2) **広知性**（ないしは顧客間の風評形成）

　誰も知らないブランドはあり得ない。多くの人、あるいは知ってもらいたい人々によく知られること。言うまでもなく、広告を含むコミュニケーション戦略は重要であり、「たくさん売る」ことをもくろむ企業には、短期的に企業ブランドや商品ブランドの知名度を上げることは必須である。その一方で、地道なキャンペーンや店舗施策なども大切な「顧客接点」であり、またそこからじわじわと伝わっていく「口コミ」（いわゆる風評）も大事である。婦人誌以外でシャネルの広告を目にすることはあまりない。あの有名な清酒・久保田の広告を見た人はいないだろう。佐賀関（さがのせき）町の漁協が生み出したブランド、関サバ・関アジはよく知られているが、漁協が広告予算を持っているはずもない。

(3) **独創性**（ないしはとてつもない革新発想）

　ほかとは違う、ということ。これを革新性と言い換えることもできるだろう。「ほかとは違う」で思い出すのは、アップルコンピュータが掲げたスローガン、「Think Different」である。あのスローガンが意味するのは、1930年代からIBMが掲げてきた理念である「Think」に対抗したものであるということだ。アップルコンピュータのヒット作であり起死回生の一手でもあった「iMac」は、パソコンの外見が必ずしも黒やグレーである必要はないだろう、という発想で開発され、同社の業績回復に大いに貢献した。1996年にインダストリアルデザイングループの責任者となり、1998年に副社長に就任したジョナサン・アイヴという人が「iMac」のプロジェクト推進にあたったのだが、こうし

た自由な着想を受け入れる独創的な風土が、もとよりアップルコンピュータにはあったということだろう。

(4) **伝説性**（あるいは開発秘話やイイ話）

　ブランドには「ちょっといい話」が必要である。NHKテレビの「プロジェクトX」のような開発の苦労話もその部類に属する。また、ナイキというブランドネームが、幹部社員の夢の中に出てきた勝利の女神「ニケ」に由来することはあまり知られていないが、こういうのも伝説といえる。私自身が近年かかわらせていただいたプロジェクトで、「S・SHOBEY」（エス・ショーベイ）という、横浜レンガ倉庫に1号店を出店した、エルメスなどには目もくれない、という勢いのシルクブランドがあるが、このショーベイ、実はおよそ140年前に、横浜から世界に勇名を馳せたグローバルブランドだったのだ。その後関東大震災で店舗も工場も焼失し、跡形もなくなり途絶えていたのだが、創業

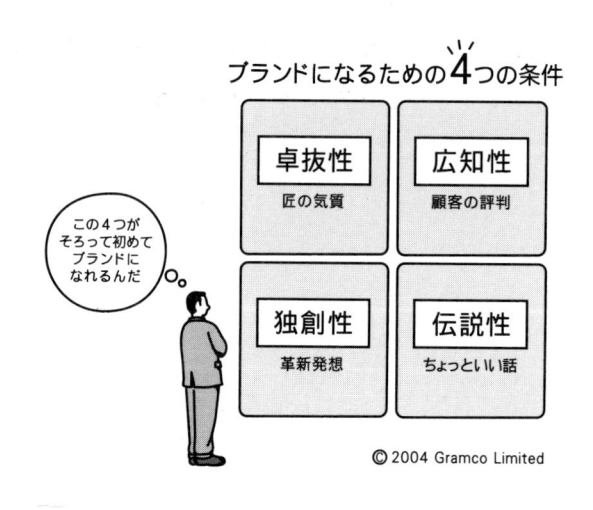

ブランドになるための**4**つの条件

卓抜性	広知性
匠の気質	顧客の評判

独創性	伝説性
革新発想	ちょっといい話

この4つがそろって初めてブランドになれるんだ

© 2004 Gramco Limited

者の4代あとの末裔がゼロから再興しようと試みたのである。品質や横浜に息づくモノ作り、「はくぎん」という1.5デニール（旧来の絹の2分の1の太さ）の細い糸を吐く蚕を使うなどの技術とこだわりを持ちつつ、伝説をテコにして蘇った、真のレジェンドブランドと呼べる例である。

　これらの4条件に加えて、ブランド企業にはさまざまな共通点がある。媚びすぎない、擦り寄りすぎない。自画自賛しない。露出しすぎない。ころころ方針を変えない。強いサブブランドがある。リポジションしている（古めかしさからの脱却を目指す、価値基準の転換を図る）……。

　そして、経営者や経営トップ層が自らブランド戦略のリーダーとなり、真剣に取り組んでいるところが、強いブランドを手に入れている。

　本書をお読みいただいている皆さんは、ブランドの受け手だろうか、それともブランドの送り手、作り手だろうか。

　以前、私の会社の米国法人スタッフが、いまや世界最大の企業となった「ウォルマート」の本社を取材した。アーカンソー州ベントンビルにある実に質素なつくりの本社で、彼らがきっぱりと明言したのは、「ブランドはお客様によって育てられる」ということだった。

　消費者は今後ますますしっかりと、企業がどんな価値を約束しているのか、実行しているのかを見極めて、ブランドを選ぶこと。そして、むしろ「自分自身がブランドを育てるのだ」という意識を持つことだろう。

　企業側は、ブランドコンセプトや戦略を構築し、それを粛々と推進

していくということに尽きるだろう。顧客やステークホルダーに約束をし、その約束をたがえることなく実行していくこと。その結果、本当のブランドという資産が手に入り、経営を良くしていく。

　日本には、まだまだブランド（特にグローバルブランド）が少ない。これでは、世界の中で日本は戦っていけない。この後の章の中で、この問題についてもご一緒に考えていきたいと思う。

第 2 章
ブランド形成の 3 大要件とは？　そしてBIとは？

世界がブランドを目指している

　本章は、2003年夏、取材のために訪れたコペンハーゲンのラディソンSASロイヤルというホテルの一室で書き始めた。こちらに来てみると、欧州企業の事情もよくわかるが、日本のことも少し距離をおいて眺めることができた。今回はその辺りから始めるとしよう。

　まず、昨今のブランド戦略への日本企業の急速な傾倒について考えてみた。いったい日本企業にとって、ブランド戦略は必要なのか。本当にブランドを考えなければ生き残れないのだろうか……。答えは至って明快。「イエス！」だ。

　今回、ブランドとして秀でており尊敬もされている欧州企業を訪ね歩き、ブランドの管理責任者に詳しく話を聞くことができた。管理責任者はブランド管轄部署のトップだったり、副社長だったりするのだが、米国同様、とても重要なポストと認識されている。実際非常に有能な人物が担当している。これらの企業訪問を通して得られた事例の一部は、本書の後の章でも紹介していくが、欧州の老舗企業も軒並みブランドの見直しに力を入れており、単に過去の遺産で食べているようなお気楽なところはひとつもなかったのだ。

　その取り組みは極めて進歩的で、恐ろしいほどに真摯で、さらに当然のことだが、欧州圏だけでなく世界市場を見据えてブランド戦略を練り直していた。ちなみに、私が投宿しているこのラディソンSASホテルも、カードキーホルダーの上に「100% Guest Satisfaction Guarantee」

と大きく書いており、その側には「It is our promise to you …」という書き出しで宣言文が添えられている。顧客に対して明確に「Promise」しているところから察するに、このホテルもきちんとしたブランド戦略を立てて遂行しているように見えるのである（このホテルについては後ほど述べる）。

世界というひとつの市場で地歩を固めるブランド戦略

　日本の市場はかねてより閉鎖的だと指摘されてきた。さまざまな制度が壁となっていたし、日本という島国の民族意識も、精神的な壁として働いていたと思われる。ただ残念なことだが、1億2,000万人という単一の日本市場の後ろ盾があるがゆえに、企業のグローバル化が立ち遅れてしまった側面もある。欧州企業と比較すると、自国の市場に依拠する比率が圧倒的に高い。

　米国企業も背景に大きな自国市場が控えているものの、世界を意識したブランド戦略への取り組みは早かった。

　地盤市場に購買力があるということは、理解しやすく管理しやすい環境下で基盤的収益確保が図れるので、美味しい話である。また、地盤市場でテストを行って、完成度を高めてから海外へ、という精緻なマーケティング調整も可能である。しかし裏を返せば、地盤市場の衰退が命取りになりかねないということでもある。

　もとより、地元の市場規模が小さな国にある企業は外へ出ていかねばならないわけであり、グローバルマーケットの中で地盤を築くということに腐心しなければならない宿命を背負っているのだ。今日、ひ

とつの通貨での単一化が果たせたユーロ市場ではあるが、ひとつの国に纏まったわけではない。またユーロの恩恵も受けず、地盤市場規模も著しく劣る北欧諸国から、数多くの世界的なブランドが輩出されていることには、注目しなければならない。

　米国に端を発したブランド戦略によるブランド構築という発想は、日本に根付く前に欧州に拡がった。それは、過去からのHeritage（遺産、祖先から継承したもの）を多く擁する欧州ブランドが、意地と沽券に掛けても取り組まねばならない課題だったといえるだろう。
　ブランド戦略への傾倒はもはや世界の巨大なうねりである。その背景にあるもの、それは「世界というユニファイドマーケット」でどこまで地歩を固めることができるかという観点にほかならない。このブランドウォーズともいえる戦いは壮絶だ。昨今の欧米企業のロイヤルストレートフラッシュを狙うような激しいM＆Aへの傾倒と、それは完全に連動している。

　日本の某古株企業のトップが、「わが社もブランド戦略に取り組みましょう」と進言してきた役員に向かって、曰く「ブランド戦略をやれば儲かるのか？　儲かるとすればどのくらい儲かるのか？」と問うたという。実はよくある話である。しかし、もはやそのような低次元の質問を発する経営者に、世界戦略を語る資格などない。その質問は、「有能な経営者に首をすげ替えれば、企業は成長するのか？」と聞いているのと同じことであり、ナンセンスである。本当にこんなことを聞く社長が経営している企業ばかりだったら日本はもうおしまいなのだ。

自分の会社の製品や技術、サービスの品質やスピードを重視しない経営者はいない。ならば、自社のブランド力を強化しようというのは当たり前の話と受け止めるべきである。トップの理解と関与なしに、ブランド構築は進められない。

ブランド戦略導入のきっかけ

・誰でも知っている＝ブランドである（違う）
・誰もが使っている＝ブランドである（これも違う）
・長く親しまれ愛され続けている＝ブランドといえる（でも何気なくどこの商品とも認識されずに使われているとしたら、それはブランドではない）

　第1章で、ブランドの条件についてご説明した。卓抜性、広知性、独創性、伝説性を挙げたが、それ以前に必要なことは、「知覚され認識されること」であり、その知覚が「他と差異的であり、違うと認識されること」なのだ。高い「品質感」を提示できていること、あるいはステークホルダーにそれを「体験」させていること。その結果選択され、購買され、愛用され続けること。これがブランドとしてのあるべき姿だ。
　全員のブランド、というのもあるだろう。私だけのブランド（いわゆる「クラブ」としてのブランド）もあるだろう。どちらもあると思う。そしてブランドの地位を勝ち得ることができたなら、第1章でご紹介した「期間×量×付加的価格」、あるいは「期間×量」か「期間×

付加的価格」のいずれかを手にすることができるというわけである（公正取引委員会が2003年6月4日に公表した、「ブランド力と競争政策に関する実態調査」の中で、「商品購入の際にブランドを重要視する商品分野」に関する記述があるが、自動車、家電、化粧品などに比べると重視度が低い食料品や飲料でも、筆者は十分にブランドを形成することが可能と考えている）。

　ブランド戦略の要諦。それは「目的」を明確にすることから始まる。自社にはどんなブランド課題があるのだろう。

(1)　選択されにくいポジションにあるので、選択されやすいポジションに移行したい
(2)　価格維持が困難なので、価格維持を容易にし、付加的利益を得られるようにしたい
(3)　一過性の取引に終始しがちなので、取引期間をできる限り長期化したい
(4)　もう少しマスボリュームを取りたい
(5)　多くの人に知られ、ブランドと認識されているが、時代との整合が取れなくなってきたので、リバイタルしたい……

　自社のブランド課題のレベルを知る必要もある。「ブランドレベル」である。製品やサービスの品質、R&Dやアフターフォローの能力、流通との力関係、知名度や風評……。現在の立ち位置と、ブランドとして目指すべき未来（あるいは顧客要請）との間のギャップを鮮明にして、喫緊の課題が何であるかをあぶり出すことが肝要だ。

そして、ゴールイメージを鮮明に持つこと、マネジメントと完全に一体化して推進することは言うまでもない。後述するように、ブランド構築、とりわけブランドバリューやブランド理念の規定などは、経営戦略と一体不可分である。「ブランド戦略をやったら儲かるのか？」と聞くトップが君臨しているような企業には、ブランド戦略を導入する資格はもはやないのかもしれない。無論、進言して理解できるならまだ軽症といえるが。

何となく巷でブランド、ブランドと言っているからやる、あるいは競合企業が導入したからウチもやる、というのは、キッカケとして極めて不純であるし、成功の見込みは薄いといえるだろう。

ブランドの基本は「BI構築」「ブランド構造整理」「ブランド体験接点づくり」

さて、第1章では、「ブランド戦略といった場合の『ブランド』とは一体何なのか」、「ブランドを手に入れると、企業にはどんなメリットがあるのか」、「そもそもブランドの条件とは何か」など、ブランドに関する基礎知識をご案内した。その中で、ブランドが注目される時代的な背景や、インタンジブル（無形資産）の重要性についても言及した。したがって、本書をここまでお読みいただいている皆さんは、ブランド論の基本を成す考え方を共有されているものとしてお話を進めさせていただくことにする。

本章からは、「ブランドはどうやって築いていくのか？」という本質的なテーマに踏み込んでいきたい。

ブランド構築のための基本要件としてまず整えておくべきもの、それは次の3つである。

(1) 　ブランドアイデンティティ規定
　　　（BI＝Brand Identity）
(2) 　ブランド構造の整理・再構築
　　　（Brand Structure）
(3) 　ブランド体験の場の開発と管理
　　　（Brand Contact Points Development ＆ Management＝Brand Experience）

まず、ブランドのアイデンティティを考えよう

　第1章でも述べたとおり、ブランドとは顧客のものである。しかし、どのように顧客を含むステークホルダーに知覚されるのかを、企業側で意図的に演出し管理することは可能だ。そのためには、企業側が何を便益としてステークホルダーに提供するのか、どのような振る舞い方でステークホルダーに接するのか、そもそもどのようなフィロソフィーをもって製品やサービスを提供しているのか、などといった自己規定をしなければならない。自分たちが「何者」であり、「何を約束」し、「どこへ向かっている」のかを、明らかにしなければならないのである。

　これは当然のことだ。得体の知れない、何を考えているかわからないブランドと、ステークホルダーがかかわりを持ちたいと思うはずがないからだ。そこで企業側は、ブランド構築作業（ブランディング）

の出発点で、ブランドアイデンティティの規定、または再規定を行うことになる。

　ブランドアイデンティティを規定する方法はいろいろある。モデルは多様化しているので、各社が各様の方法で取り組めばよい。しかし、アイデンティティ形成要素として、不可欠なものもある。そこで本章は、私の会社、グラムコがブランディングを行う際に用いている「ブランドモデル™」を紹介しておくことにする。
　このブランドモデルは、ブランドアイデンティティを描き出す際に必要と思われる項目を、ほぼすべて網羅している。必ずしもすべての項目をカバーしなくてもよいし、これらの項目間で強弱がついても構

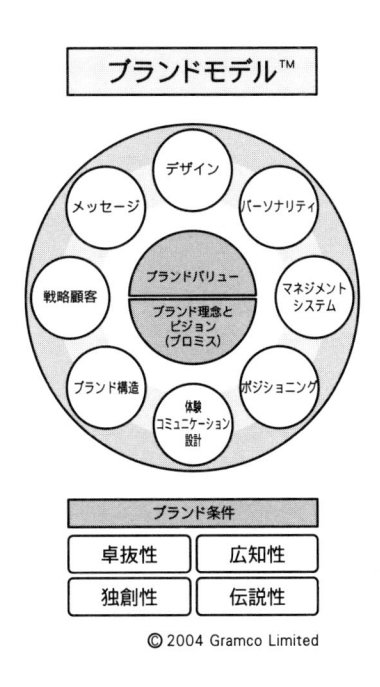

ブランドモデル™

- デザイン
- メッセージ
- パーソナリティ
- 戦略顧客
- ブランドバリュー
- ブランド理念とビジョン（プロミス）
- マネジメントシステム
- ブランド構造
- 体験コミュニケーション設計
- ポジショニング

ブランド条件
- 卓抜性
- 広知性
- 独創性
- 伝説性

© 2004 Gramco Limited

わないのだが、少なくとも中心にあるブランドバリューやブランド理念、ブランドビジョンといった基礎的な要素は満たしておくことが肝要だ。

なお、前述のブランド構築基本要件３つのうちの(2)ブランド構造の整理・再構築、(3)ブランド体験の場の開発と管理、の２つについてもブランドモデルの中に含まれているが、これは別途詳しくご説明する。

このブランドモデルの中身を、以下に解説しておこう。

ブランドバリュー

ブランドがステークホルダーに提供を約束する価値。当該企業が顧客たちに提供可能な（他社に真似のできない）絶対的な価値、便益とは何か考えてみよう。このブランドの価値とは、この後で述べる機能的な価値や便益だけでなく、どのようにステークホルダーの心を満たすのかという情緒的、感性的な価値や便益を定義しなければならない。

ただし、情緒的な顧客満足、ステークホルダーの満足を得るには、その背景に、ファクトとしての機能的な価値提供が成されていなければならないのも事実である。

ブランド理念（あるいはブランドプロミス、ブランドビジョン）

提供価値の約束と、提供の実行行為を裏付ける信念とは何か。こうした信念がなければ、ブランドは多分一過性のものとなるだろう。また、少しくたびれてきたり環境が変わったりすれば、手抜きをしてしまうことになるだろう。さらに、当該ブランドの社会的存在意義などに言及する必要も出てくるだろう。その観点からは、環境への関与の

あり方まで述べる必要があるかもしれない。これはまさに、最近話題のCSR（Corporate Social Citizenship）だ。

　この2つがブランドの長期的な基盤となる。さらに以下のそれぞれを明確に描き切ることができれば、ステークホルダーへのブランドの伝導率は高まり、不動のものとなるだろう。

ブランドメッセージ
　ブランドの価値や理念をステークホルダーにわかりやすく伝えるためのメッセージ。このメッセージには、コミュニケーションの場面で使用される、いわゆる「ブランドスローガン」のようなシンプルな言葉も含まれる。

ブランドデザイン
　ブランドを体現するVI（ビジュアルアイデンティティ）等デザインをどうすべきか。あるいはブランドを感じさせる可視化された世界はどうあるべきか。百万の言葉よりひとつのビジュアルが、すべてを伝えることもある。

ブランドパーソナリティ
　当該ブランドを、たとえば人に例えるとどんな人格になるかを考える。企業のブランド＝コーポレートブランドの場合なら、企業（法人）という組織の性格付けとなる。法人というからには、そこには人のような性格が存在するのである。これが顧客たちへの「接し方」「振る舞

い方」にも大きく関係してくる。もちろん、企業成員一人ひとりが、金太郎飴のように皆同じ性格を持て、と言っているのではない。ブランドとしての人柄を指しているのだ。

戦略顧客

　特に注力すべきターゲット像とはどのようなものか。互いに響きあえるステークホルダー像とはどのようなものか考えてみよう。幅広いステークホルダーの中で、とりわけ「象徴的な人々」（主にお付き合いしたい人々）を規定するというのが一般的である。それ以外の顧客とは付き合わない、ということではないが、どんな人のために商品やサービスを提供しているのかを明確にしたほうが、ブランドアイデンティティが鮮明に見えてくるのだ。いうまでもないが、「男性」「20歳代～30歳代」などと決めるのではなく、感性属性としてターゲットを捉え、彼らの内面の情感まで描くことが肝要だ。

ブランドポジショニング

　競合他社と市場における明快な地位の差異化はどうするのか。その主要ポイントはすでにブランドバリューで語られている。したがってここでは、売上・利益などのような定量化しやすい座標軸とは異なる提供価値軸上に、当該ブランドと主要競合ブランドをプロットしてみるのである。業態の境界も曖昧になりつつある昨今、人を魅了するブランドポジションを捉えることができるはずである。新たな価値軸へとリポジションする好機ともいえる。

| グラムコ オウギモデル™ |

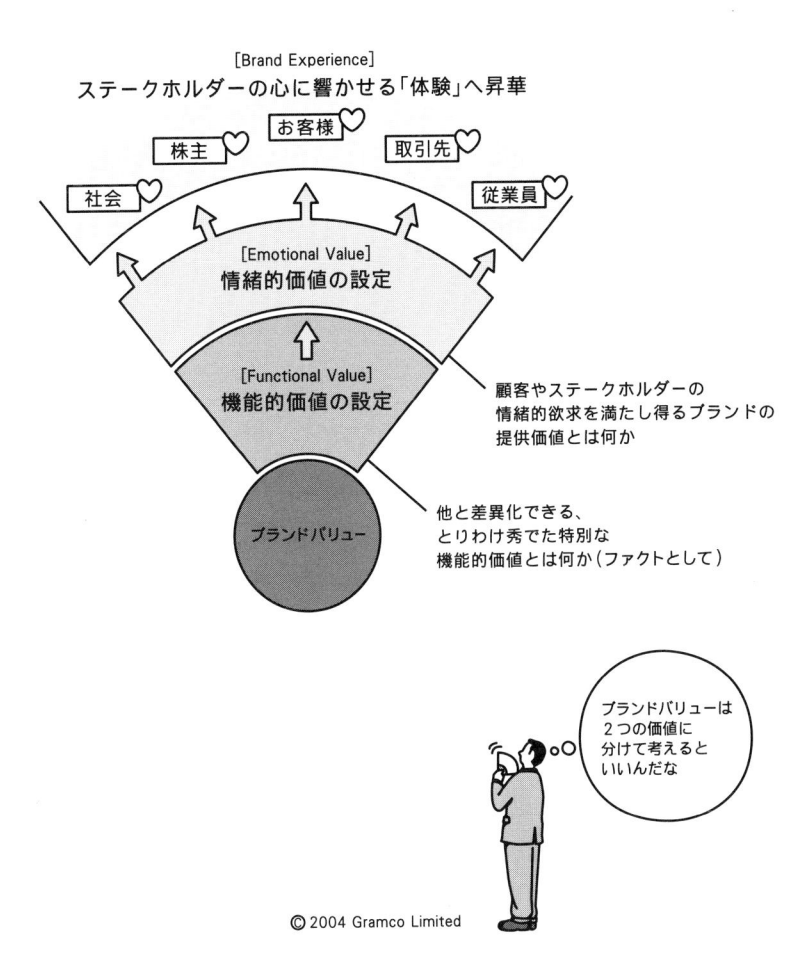

[Brand Experience]
ステークホルダーの心に響かせる「体験」へ昇華

社会　株主　お客様　取引先　従業員

[Emotional Value]
情緒的価値の設定

[Functional Value]
機能的価値の設定

ブランドバリュー

顧客やステークホルダーの
情緒的欲求を満たし得るブランドの
提供価値とは何か

他と差異化できる、
とりわけ秀でた特別な
機能的価値とは何か（ファクトとして）

© 2004 Gramco Limited

ブランドバリューは
2つの価値に
分けて考えると
いいんだな

ブランド構造

　重層的なブランド構造をどうすべきか。事業ごとに、またはサービスや商品ごとに別ブランドを賦与するのか、ワンブランド・ワンボイスで貫き通すのか。ひいてはどこに（どのブランドに）ブランドの価値を蓄積させていくのか、検討してみよう（ブランド構造については別の章で詳しく言及する）。

体験コミュニケーション設計（方針）

　戦略顧客が、「自分のもの」と思える顧客接点のあり方とは何か。ステークホルダー、とりわけ顧客や投資家をぐるりと取り巻く各種のコンタクトポイントで、どのような「ブランド体験」を彼らに提供するのか考えよう（こちらについても別の章で詳しく説明する）。

　自分たちが何者であり、何を約束しているのかを明らかにすると、企業で働くさまざまな人々が、別々の場で異なるタスクを担っているとしても、同じベクトルへと向かわせることができるし、軸足がばらけずに済む。無論、事業部、カンパニー、海外、国内を問わず、このBIを組織横断的に共有することが欠かせない。その共有化に向けての、「インターナルブランディング」の取り組みについても、追って紹介していくつもりだ。

　なおこのブランドモデルは、ビジネスモデルに完全にリンクしていることが望ましい。ブランドモデルを先に整理して、これに添ってビジネスモデルを整理する、ということが起こっても構わない。

　いずれにせよ経営トップの関与しないところで、こうしたブランド

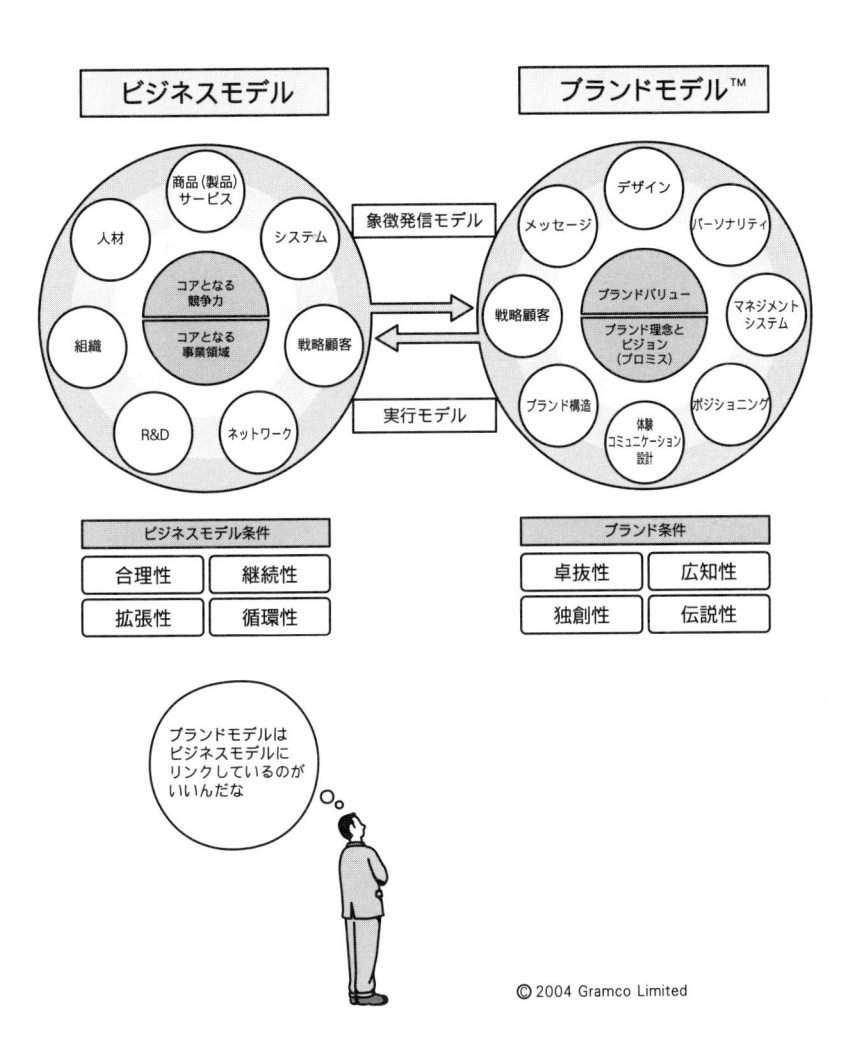

ビジネスモデル

- 商品(製品)サービス
- 人材
- システム
- 組織
- コアとなる競争力
- コアとなる事業領域
- R&D
- ネットワーク
- 戦略顧客

ブランドモデル™

- デザイン
- メッセージ
- パーソナリティ
- 戦略顧客
- ブランドバリュー
- ブランド理念とビジョン（プロミス）
- マネジメントシステム
- ブランド構造
- 体験コミュニケーション設計
- ポジショニング

象徴発信モデル

実行モデル

ビジネスモデル条件

合理性	継続性
拡張性	循環性

ブランド条件

卓抜性	広知性
独創性	伝説性

> ブランドモデルはビジネスモデルにリンクしているのがいいんだな

© 2004 Gramco Limited

モデルの規定を行うなどあり得ない、ということがおわかりいただけると思う。それは業の本質を規定するに等しいことだからだ。

なお、ブランドモデルの図中にある「マネジメントシステム」は、ブランド運営・管理体制の構築とブランド価値の永続的なアセスメントシステムを意味する。

ブランドと人との関係は恋愛に似ている

なぜ消費者は、その製品やサービスを選んでいるのだろう。あるいは、なぜ投資家はその企業を投資先に選んでいるのだろう。なぜ人々は、その企業を賞賛するのだろう。「製品がよくできていて間違いないから」「著名で安心だから」「どこにでもあって便利だから」「ROE、ROIが高いから」。それは確かにそうだろう。

ブランドと人との関係は「恋愛」に似ている。これまで企業は、「愛してください（ご愛顧ください）」と、顧客をはじめとするステークホルダーに言い続けてきた。そして、愛されたいからこそいろいろな約束をしてきた。それは大概の企業がずっとやってきたことである。車に例を取れば、「加速性がよい」「足回りがよい」「乗り心地がよい」「安全性が高い」「燃費がよい」等々である。でもどちらかといえば、20世紀後半にかけては、「性能」の約束ばかりしてきたのだ。

どんなタイプの人が好きですか？　と女性に問えば（男性に問うてもいいのだが）、「背が高くてカッコよくて、一流の大学を出ていて頭が良くて、収入もよくて……」（いわゆる3高である）と答える人も多

いだろう。でもこれはどちらかというと「性能」基準なのである。でも本当のところ、性能基準だけで人は恋愛相手を決めているのだろうか？

　機能面からの判断だけでなく、情緒的な判断が働いているのである。情緒的判断は、あるときは機能的判断を大きく超えることがあるし、機能などどうでもよい、という「恋は盲目」という状況に陥ることもあるだろう。先のブランドモデルの中の「ブランドバリュー規定」に、機能的な価値・便益だけでなく、情緒的な価値規定が含まれる所以だ。ブランド構築では、むしろ「情緒＞機能」である。

最後に、私自身の「ブランド体験」

　冒頭で、本章はデンマークのコペンハーゲンの中心地にあるホテルの一室で書き始めたものであることをお伝えした。このラディソンSASホテルズ＆リゾーツの主要拠点のひとつである当ホテルは、決して高級な宿ではなく、リーズナブルな価格の誰もが投宿できるホテルである。にもかかわらず非常にサービスが行き届いている。この１週間フランスやドイツの各地を巡りさまざまなホテルを渡り歩いてきたけれど、このホテルは噂に違わず、さすがにあの評判高いSASグループの一員であると感じさせるに足るものだ。

　チェックインカウンターはロビーに設置されたスマートなステンレス製の円卓デスクで、全部で４つある（写真）。そして１人の客にひとつのデスクが当てられるのである。チェックインカウンターの従業員も、客と同様に卓を挟んでサービスにあたるのだが、カウンターの内

側というものがないから「客側」と「ホテル側」という隔たりを感じないし、客と同じ目線で接客にあたることができる。

　部屋はモダンな北欧調の白木造りで、数々のファニチャーの名作を送り出すお国柄が滲んでいて、とても清潔だ。アメニティのたぐいも昨今のオーガニックトレンドを捉えたもので、バスローブやアイロンやアイロン台も備え付けられている。何よりインターネット環境が行き届いており、ロビーなどの共用スペースはワイヤレスインターネットゾーンになっている。ワイヤレスネットアダプターを備えたパソコンなら、どこからでもインターネットにアクセスできるというわけだ。

　はじめにご紹介したカードキーホルダーだけでなく、「100% Guest Satisfaction Guarantee」というスローガンは、ホテルのいたるところで目についた。そしてそのそばには、「It is our promise to you that in every hotel, every day you can expect to be satisfied with Radisson SAS. If you aren't satisfied with some-thing, please let one of our staff knows during your stay and we'll make it right or you won't pay. It's Guaranteed.」（私たちは、ラディソンSASのすべてのホテルで毎日、あなたが満足されることを約束します。もしあなたが何かに満足されなかったときは、滞在中に私たちのスタッフにお知らせください。私たちはそれを正します。あるいは正されなかったときはお支払いいただなくて結構です。以上を保証致します）と明記されている。

　この短い欧州滞在中唯一初めて息の抜ける一夜だったので、コンシェルジュに気の利いたレストランを紹介してもらったが、まさに「我が事のように」熱心に、かつ素早く希望に叶った店を探し出してくれ、その結果、大変満足できる素晴らしい夕食にありつけた。

　こうした「ブランド体験」をさせてもらった私は、しっかりと脳裏に「ラディソンSASホテル＝心地良いホテル」「SAS＝行き届いたグループ」という印象を植え付けられた。次回の出張でこのホテルチェーンをまた利用してみようという気になったし、フライトも旅行代理店にSASを指名してみようかという気にさえなるのである。

　私が居るこのホテルこそがSASブランドの「ブランドコンタクトポイント」であり、そこでいかに良い「ブランド体験」をしてもらうかが、企業としてのブランド構築の要諦なのである（注：ラディソンホテルズ＆リゾーツは世界中にあるホテルグループだが、SASがホテル名に冠されるのは欧州が中心である）。

第3章
ブランド体験と、そのコンタクトポイントとは？

スクリーンの中のブランド

　わが社の企画部門に在籍するSさんは、携帯電話を買い換えた（もうかなり前なので、いまでは間違いなく次のに乗り換えているはずだが）。それはNOKIA社のもので、フタがパシッと音を立ててスライドする、当時あまり見かけないタイプの機種だった。どうしてそれを選んだのか問うたところ、映画「マトリックス」の中で、キアヌ・リーブスが使っているのを見たからだ、と答えた。

　1961年に制作された「ティファニーで朝食を」では、劇中ニューヨーク・ティファニーの立派な店舗が2度登場する。ストーリーは、オードリー・ヘップバーン扮する奔放な女性、ホリーが、早朝（夜遊びして朝帰りの途上）同店のウィンドウを覗き込み、そこに飾られた豪華絢爛たる宝飾類の数々に魅了されているシーンで幕を開ける。このとき彼女が手にファストフードのパンとコーヒーカップを持っているため、タイトルがブレックファスト・アット・ティファニーズなのである（余談だが、当時タイトルだけを聞いた人が、ティファニーのことを早朝からやっているレストランだと誤解したという笑い話がある）。お人好しな店員が、主人公が持ち込んだ「おまけ付きスナック菓子」ジャック・クラッカーに付いていた指輪に、10ドルでイニシャルを刻印してくれるという筋書きは、あらためて考えてみると「そんなことしてくれるはずないだろう」と思うわけだが、ブランド名そのものをタイトルに冠した本作品は、世界の人々がティファニーを認知し、好

感し、憧憬を抱く格好のきっかけになったのである。

　トム・クルーズ主演、スティーブン・スピルバーグ監督の「マイノリティ・リポート」では、半世紀先のトヨタ・レクサスが活躍する。縦横無尽に駆け回るスタイリッシュなクルマが、レクサスの未来を暗示させる仕掛けだ。この物語の中にはGAPの店舗も出てくるし、ギネスやセンチュリー21の広告看板も垣間見える。

　木村拓哉らが出演して高視聴率を稼いだTVドラマ「グッドラック」も、ANAの印象を高めるのに効果的だっただろう。

　このように、映画やテレビの中に登場するブランドに共感させ、顧客ターゲットを魅了するというケースは多々ある。本章のテーマである「ブランド体験」とは、ステークホルダー、とりわけ顧客を多様で魅力的な「ブランドコンタクトポイント」で取り囲む「体験の輪」（＝ブランドリング™）を創り出すことである。「マトリックス」や「ティファニーで朝食を」では、人々がドラマを介してブランドに接触することで、ドラマを観る人がブランドを疑似体験しているのである。

人の脳の機能

　専門家によると、人の脳は数千億個のニューロンという神経細胞と、神経細胞の間にあるグリアという物質によって構成されているという。そしてこれらのニューロンは、千兆ものシナプスによって結ばれている。いわば巨大なネットワーク回路である。

脳の下側頭葉あたりに「記憶」を担当するニューロンが存在しており、2つ以上の情報を関連づけて保存するといわれている。これらの複数の情報間で「連想」が働いているのだ。また、記憶の多くは「エピソード」としてインプットされる。そこには、エピソードを実感した「場」の記憶が、インデックスとして刻み込まれるらしい。

　期待や歓び、好き・嫌いにまつわる「情動」は、大脳下部や中枢にある海馬や扁桃体というところで反応しているが、何かを体験する都度入力され書き換えられていく情報に照合して、その情動反応も変化していくのだそうである。

　第2章で紹介した「ブランドモデル™」等を用いて、まずブランドアイデンティティ（BI）のプラットフォームを構築し、これに準拠したブランドに纏わる体験を人々に提供する。そのことによって、脳裏に当該ブランドをしっかりと記憶、好感してもらう。その結果彼らに購買行動などの何らかのアクション（情動反応）を起こしてもらい、さらに長期的な「ごひいき筋」になってもらうというブランド体験設計の意図は、この人間の脳の機能をよく捉えているともいえるだろう。

無数にあるブランドコンタクトポイント

　顧客がブランドに纏わる体験をする場は、無数にある。この体験の場が、前述のブランドコンタクトポイントなのである。無論、商品やサービスそのものを使用している間、顧客はブランドをまさしく体験している。ただ、ブランドの体験は映画やテレビの例でもおわかりの

とおり、こうした実物との接触だけでつくられるわけではないし、テレビのCMや新聞・雑誌（メディア）の広告だけで形成されるわけでもない。

　メディアといっても幅が広い。交通広告や屋外広告、看板なども影響力の強いメディアである。

　屋外広告といえば、アブソルートウォッカがタイムズスクエアに設置した看板は、単にアブソルートのロゴを訴求するといった単純なものではない。それは一風変わった巨大なビルボードである。垂直に切り立った壁面いっぱいに、1人の顧客（多分20〜30歳代独身男性）の部屋を、リアルサイズの「立体」で再現しているのである。そこには本物のカーペットと、欧風のソファとテーブルとスタンドライトが貼

実物を貼り付けた立体的なアドボード

り付けられており、サイドキャビネットの上には、本物のオーディオセットも備えられている。ソファのクッションの脇には、ご丁寧に読みかけの雑誌まで置かれている。そしてテーブルの上には、本物のグラスとアブソルートウォッカの「実物」が置かれているという案配だ（全部垂直に）。90度位相を変えた空間ではあるが、不思議なことに、そこに棲む男のライフスタイルさえ感じさせる気配が存在している。

　この立体ビルボードは、横断歩道の信号の真正面に設置されているから、いやが上にも信号待ちの人々の視線を奪うかたちとなるのだ。「よくやるよなぁ」→「でも、こんな奇抜なことを平然とやってのけられるブランドなんだな」→「アブソルートウォッカは面白い、ほかとは違うブランドだなぁ」という印象を与えると同時に、こういう洒落た部屋とアブソルートは似合うのだ、という生活との「連想」を顧客ターゲットに植え付けているのだ。

コンタクトポイントとしてのウェブの重要性

　顧客とのブランドコンタクトポイントは、際限なく広がるばかりである。近年その重要性がますます注目されるのが「ウェブ」だ。広告上で、当該企業や当該ブランドのURLを大きく紹介しているケースが、このところ目に付く。

　その成長の背景には、近年の若者層の急速なTVメディア離れが指摘されている。一方で、2005年にはインターネットの利用人口が1億人を突破し、主婦層や高齢層も含めたほぼ全国民に行きわたるといわれ、それをさらに加速させるブロードバンドの世帯普及率も、その頃

には7割近くに達するとの予測がある。ブロードバンドが一般化すれば、動画配信なども容易になり、ブランド体験の場としての機能も、さらに向上するだろう。

　CMや広告、タイアップシネマや看板が受動的なメディアであるのに対して、こうしたウェブの特徴としては、顧客ターゲット自らが検索する顧客主体のメディアであるという点が挙げられる。そこにはコンタクトする顧客の意志が働いている。そしてCGI（Common Gateway Interface）などで双方向性が持てるから、企業と顧客とのキャッチボールも活発化するわけである。

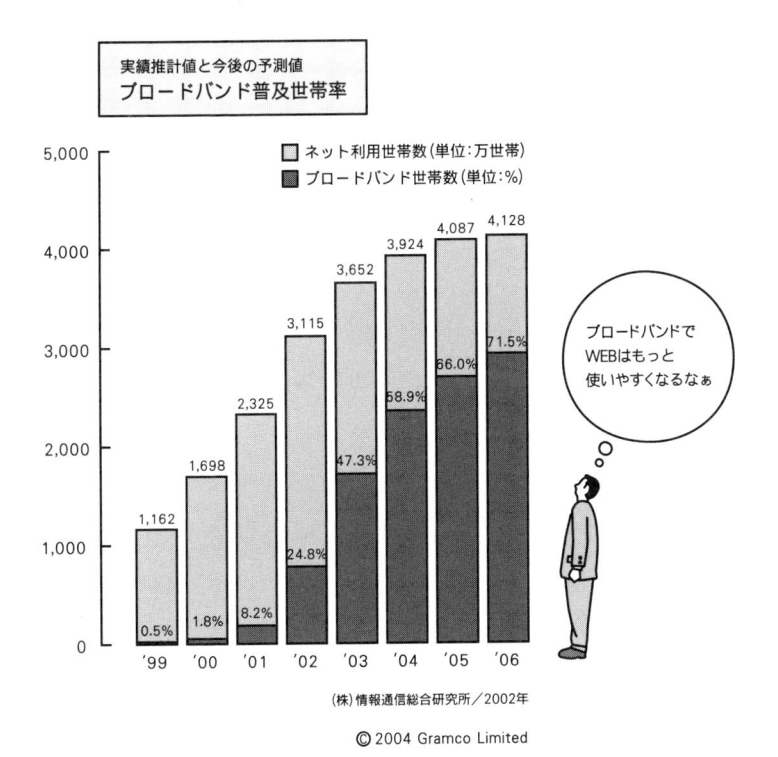

実績推計値と今後の予測値
ブロードバンド普及世帯率

ネット利用世帯数（単位：万世帯）
ブロードバンド世帯数（単位：％）

年	ネット利用世帯数	ブロードバンド世帯数
'99	1,162	0.5%
'00	1,698	1.8%
'01	2,325	8.2%
'02	3,115	24.8%
'03	3,652	47.3%
'04	3,924	58.9%
'05	4,087	66.0%
'06	4,128	71.5%

㈱情報通信総合研究所／2002年

ブロードバンドでWEBはもっと使いやすくなるなぁ

© 2004 Gramco Limited

だからこそ、情報を伝えるだけのウェブから脱皮して、ブランド価値を伝えかつ価値を高めていく「ウェブブランディング」に注目が集まっている。B2B企業のブランド構築にも、ウェブは多大の貢献をすることだろう。

　ただし、従来型のメディアだけでなく、こうした新たな可能性を秘めたウェブであっても、いずれもコンタクトポイントとしては、「非接触型」なのである。

コンタクトポイントのビフォー&アフター

　ブランド体験には、3つの時系列の流れと、各時系列における幅広いコンタクトポイントがある。3つの時系列の流れとは、当該ブランドの「使用前」「使用中」と「使用後」である。
　また、それぞれの「時」におけるコンタクトポイントには、「非接触型」と「接触型」がある。つまりバーチャルとリアルである。さらに接触型には、受動的体験と能動的体験（たとえば先に挙げたウェブのように、主体的に選択される体験）がある。
　イメージしていただきやすいように、架空の事例を描き出してみよう。具体的にどのブランドの事例ということではないのだが、これをアパレルの店舗展開で知られる米国の「GAP」に置き換えてみていただいても構わない。店舗接触のある業態におけるブランド体験のフローである。
　ちなみにGAPは、世界で初めてSPA（Specialty store retailer of

Private label Apparelの略）という業態を標榜した企業だ。SPAとは、商品企画から製造、流通、販売、店舗企画まで一貫して手掛ける業態で、日本ではワールド（70以上のブランドを持っている！）やユニクロ、無印良品などが知られるが、考えてもみれば、SPAは一貫したブランド体験とブランド価値を顧客に提供するのに、最も適した業態といえそうだ。

・Before（使用前、ないしは実体験前）
「街でビルボードや看板を目にした（何だろうと思って見た。つまり一定の認知をした）」→「テレビでその看板と同じロゴを目にした（広告訴求内容に一定の理解をした）」→「CMにURLが出ていたので、ウェブサイトでチェックしたら、自分の興味関心と合致したブランドだった（少し共感を覚えた）」→「その週末に同じ看板の店を街角で見かけた（店舗サインによるフックが生じた）」

・During（使用中、ないしは実体験中）
「店舗内に入ってみたところ、とても自分に合う雰囲気だった（場の体験）」→「店員の振る舞いや挨拶にも好感が持てた（店員という『人』による体験）」→「品揃えもスタイルも気に入ったので、思わず購入した（商品の体験）」

・After（使用後、ないしは実体験後）
「購入時メンバー登録をしたので、期間セールのダイレクトメールが届いた（CRM型のアフターフォロー）」→「セールに興味が湧いたし結構好きなブランドになっていたので、再度店に出かけた（リピーター化）」→「その後ウェブの更新情報などを頻繁に気に掛ける

コンタクトポイントの連鎖

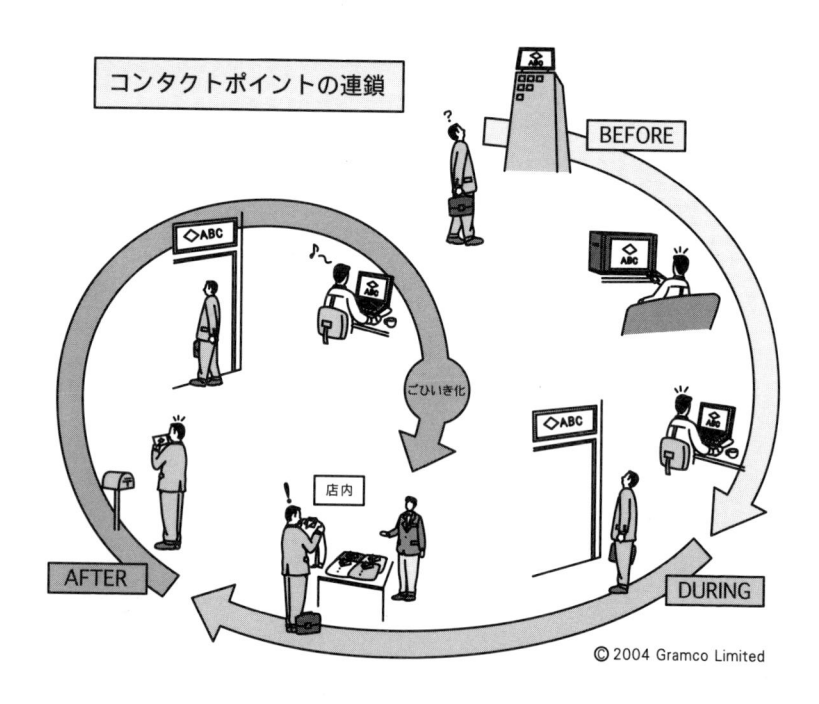

BEFORE / DURING / AFTER / ごひいき化 / 店内

© 2004 Gramco Limited

ようになった（長期的なリレーション化）」

　どっぷりとブランドそのものの中に身を浸す、というのは、極めて濃厚な接触型の体感体験であり、それだけ顧客の脳裏に深くインプリントされる。

　かつて我々自身が行った研究では、五感の中で最も大きなインプットゲートとなるのは視覚だった。視・聴・嗅覚の三感における情報投与効果測定では、視覚からの情報入力は69％であった。若者ほど聴覚情報からの入力が高いこと。また、最も原始的と言われている嗅覚からの情報は、独特の「記憶」と強い「連想」をもたらすこともわかった（スターバックスの店頭における「コーヒー・アロマ」の訴求は理

56　第3章　ブランド体験と、そのコンタクトポイントとは？

に適っている)。その後、味覚と触覚(体感)についても効果測定したところ、味覚の精度が極めて低いことが判明すると同時に、体感からの強烈な入力があると、主要な三感覚経由情報を無視するほどの威力があることもわかったのである。

どっぷり浸る「場」での体験

　そもそもマーケティングにおける4Pとは、Product、Price、Promotion、Placeのことである。伝統的なマーケティングの常道理論においても、Place(場)が4大要素のひとつに含まれ、意識されてきたといえるだろう。

　たとえばエルメスの銀座店に行けば、ちょうどスカーフ1枚分の大きさのガラスブロックで積み上げられた外壁や、シンプルだが素材感を活かした上質なインテリアが、訪れる人々に対してブランドの特別な雰囲気を提供している。店舗演出が十二分に成されているのだ。

　たとえばナイキタウンしかり、アップルストアしかり(西海岸をはじめ全米で展開されている)、アウディの販売店しかり、ミシュランショップしかり(ミシュランのキャラクター、ビバンダムを用いたさまざまなアイテムが販売されているお店。日本にはまだないようだが)……。いずれも店舗空間やショールームがブランド体験の場として機能している。

　その最たる例が、ディズニーランドである。そこでは来園者(彼らはゲストと呼んでいる)に単に「楽しい体験」を提供するだけでなく、

「素晴らしい『想い出』」を持ち帰ってもらおうとしている。それを実現するために、スタッフ（キャストと呼んでいるが、その中には年若いアルバイトの学生たちも含まれる）は涙ぐましい努力を重ねているのだ。ゲストの夢を壊さないようにと、厳しい研修や参加型の改善活動が舞台裏で繰り広げられている。

　ディズニーランドという場には、大きなブランドリングが構築されているといってもいいだろう。キャラクターがいて、ファンタスティックなアトラクションやイベントがあり、売店があり、キャラクターのついた商品が置かれている。またそこでは、映画の追体験ができたりもする。そしてこの輪を訪れる人々は、ディズニーとの絆をより強くしていく。

　経験経済、あるいは経験価値マーケティングを研究する人々は、21

街並みを大量のレゴブロックで再現

世紀において企業が顧客に提供するべきものは、商品特性や便益性ではなく、「想い出」や「心地よい経験」であると説いているほどである。

第2章の冒頭でも書いたとおり、2003年の夏、本の取材でデンマークに出掛け、レゴ社を訪問した。この世界第4位の玩具メーカーは、コペンハーゲンから国内線を乗り継いで1時間ほどの、人口わずか6,000人のビルンという小さな田舎町にある。しかし、ここを訪れる人は非常に多いという。空港は国内線専用ではなく国際空港であり、田舎町には釣り合わないような規模と先端性を備えている。それはレゴ本社の横に、ディズニーランドをもじったような巨大テーマパーク、「レゴランド」があるからである。

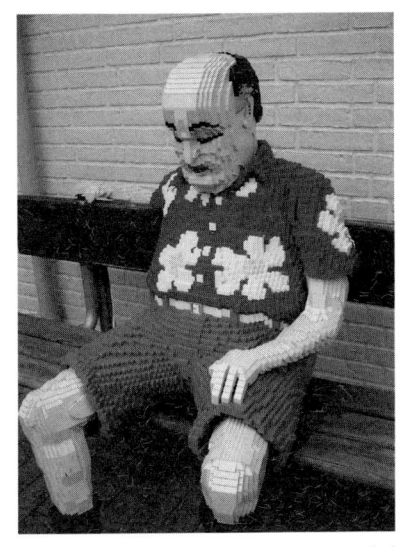

ベンチでうたた寝しているおじさんもレゴブロックで組み立てられている

私が訪れた初夏の1日、レゴランドは欧州各地からやってきた子供連れで賑わっていた。レゴランドに隣接する宿泊施設（レゴホテル）は、秋口までずっと満室という盛況振りなのだ。

レゴランドにあるものは、ほとんどすべてと言っていいほどレゴブロックでできている。ディズニーランドのジャングルクルーズに似たアトラクションでは、水中から現れボートを襲うワニも「本物のレゴ

ブロック」で作られていた。また、このテーマパークの呼び物のひとつに、世界のさまざまな都市をレゴブロックで再現したエリアがある。そしてそれぞれに、「この街並みはブロック〇千万個で作りました」と添え書きされている。ベンチで大いびきをかいているおじさんがいるので近づいてみたら、彼も全身レゴブロックでできた「作品」だった。レゴホテルのロビーに飾られている歴史的名画も、顔を近づけてよく見てみると（よく見ないとわからないのだが）レゴブロックの組み合わせでできていた。売店では当然レゴ社のあらゆる商品を購入できる。ばら売りのブロック売場には多種多様な色とりどりのブロックがガラスの壺に入れられて、まるでビーンズキャンディのように並んでいた。

　こんな信じられない「場」を体験した子供たちは、きっとレゴの長期的なファンになってくれることだろうし、彼らが子を持つ歳になったとき、わが子にもレゴを買い与えるに違いない。事実インタビューさせていただいたレゴ社の副社長は、子供のころに親に連れられて、何度もこのパークを訪れた経験を持つといっていた。

ライブイベントによるブランド体験

　商品や店舗・ショールームにおけるブランド体験のみが接触型ではない。たとえば、ハーレー・ダビッドソンやサターンが主催する、米国での「ユーザーツーリング」のことはよく知られている。これらは参加体験型のイベントとしてブランドとの絆を強化するものだ。さらには顧客間の絆も深めることで、いわゆる「クラブ化」も図っている。これは「アフターフォロー」としての接触・能動型（参加型）イベン

トの例である。

　2003年4月にオープンした「コーチ」渋谷店（東京）のイベントは、多方面でニュースとして取り上げられるほどにインパクトがあった。同社の日本法人によれば、そもそも渋谷に店舗を開設すること自体、ブランドの毀損に繋がるとの各方面からの批判を浴びたという。しかし、ニューヨーク生まれのブランドであることから来る（伝統的な欧州ブランドとは一線を画する）同社のアグレッシブな体質が、渋谷店のオープンを実現に漕ぎ着けさせた。当日、駅前から同店がある一帯

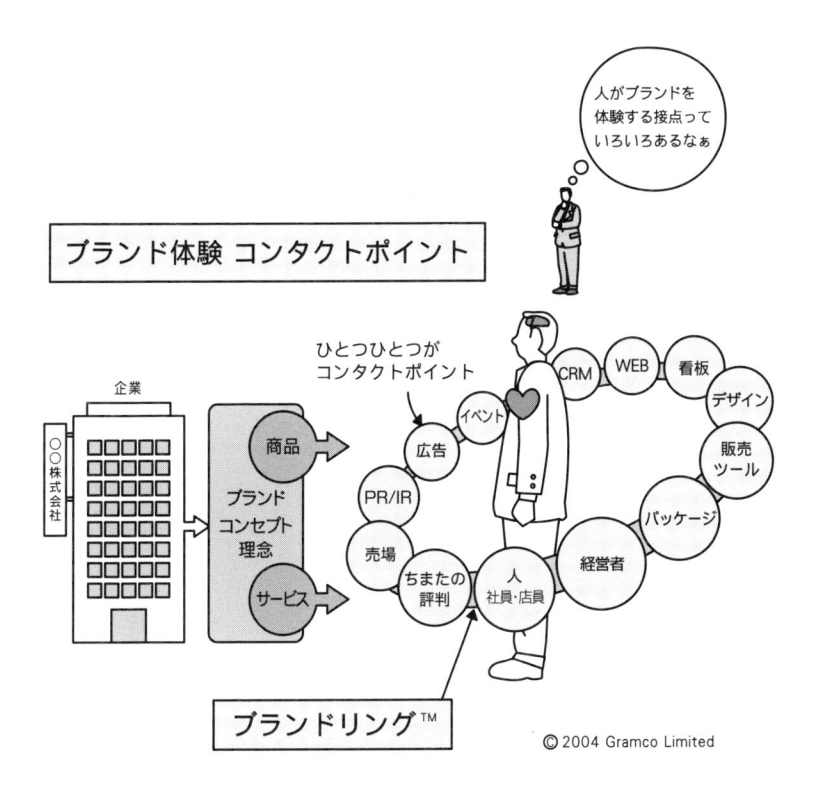

にかけて、3つの大型ビジョンやビルボードをはじめ、268枚ものストリートフラッグが街を覆い尽くし、開店間際になるとダブルデッカーの宣伝カーが辺りに出現して、その中からポップなコーチファッションを身に纏ったモデルたちが、颯爽と街頭に繰り出した。こちらは「ビフォー」における事件型接触イベントの好例といえるだろう。そのインパクトとゲリラ性（ゲリラマーケティングとかライブマーケティングと呼ばれるもの）ゆえに、ブランドとしての「変革感」を、顧客ターゲットに十分に伝えることができた。その後、渋谷の同店が、銀座店に勝るとも劣らない成功を遂げたことは周知の事実である。

ブランド体験の要諦は「連関性」「一貫性」

ところで、このようにさまざまな広がりを持つブランドコンタクトポイントだが、これらは相互に関連付けられていなければならない。これらのコンタクトポイントが「ばらばらな」顧客体験を与えてしまっていては、顧客の頭の中にひとつのブランドとしての像が結ばれにくくなる。したがって、前述のとおりブランドプラットフォームを構築したのちに、インターナルブランディング（社内、グループ内で実施するブランド啓蒙活動）による全社横断的なBIやブランドパーソナリティへの理解が必要となる。商品開発から広告、CM、ウェブサイト、看板、売場、社員の振る舞いまで、一貫したブランドボイス、ブランドトーン（メッセージやパーソナリティに準拠したブランドの表現。ブランドスタイルと言い換えてもよい）を発していなくてはならない。もしメーカーなら、取次店や代理店、販売店らの理解を得なくてはな

らないし、フランチャイズの小売業なら、フランチャイジーへのブランド浸透を徹底的に図らねばならない。さらに、ブランドボイスをマネジメントするために、あらゆるブランド表現を規定する「トーンアンドマナーブック（マニュアル）」によるコントロールも必要となる。

経営トップはブランドスポークスマン

　投資家向けだけではなく、一般生活者や社会に向けてのメッセージともなる「経営者の発言」は極めて重要である。そのことを経営者が理解していたとしても、うまく振る舞えている方はあまり多くない。

　Ｂ２Ｂの某社は長期的な株価低迷に悩んでいる。競合他社とほぼ同様の決算内容であるにも拘わらず、株価にはおよそ２倍の開きがある。競合社と同社の違いは、経営トップが将来に向けたビジョンを明快に語っているか、いないかだ。調べてみるとメディアへの露出度にも差があった。加えて競合社に比べ、同社のトップはどちらかと言えば口ベタな人であった。
　報道された経営者の一言が命取りになった企業の例も、少なからずある。

　ある米国のブランディングファームは、米国大統領のステートメントライターのように、ＣＥＯの対外メッセージの草稿を担当している。このファームのクライアントには、活力を失いかけ、ブランドクライシスに陥った重厚長大型の企業が多い。彼らはこうしたクライアント

にコンサルティングを行い、古いブランドをドラスティックに革新させることに成功している。リポジションした新しいブランドを社会や投資家に伝える役目は、CEOが担っている。このファームは、トップの発するブランドボイスが、ステークホルダーの最も大きなブランド体験だと強調する。経営トップが対外的に使う表現や言い回しだけでなく、着用するスーツやネクタイまでブランディングされねばならないというのだ。

　日産の再生を果たしたカルロス・ゴーン氏は、財務体質改善とともにブランド戦略の導入を断行した。IBMの前CEO、ルイス・ガースナー氏しかり、ヒューレットパッカードのカーリー・フィオリーナ氏しかり。ブランドを体験させるためのリアルな存在である。

　店舗や販売店での店員の顧客対応や、お客様相談室での相談員の接し方、社員一人ひとりの振る舞いも（たとえば電話応対ひとつにしても）、CEOの発するブランドボイスの延長線上にあるといっていい。だからこそ、インターナルブランディングの推進が欠かせないわけである。

　ブランド体験設計とは、すべて「知覚品質」の向上へと向かう、一貫性を維持した行動である。品質を非接触型で感知し、共感し、行動を起こして関係構築する。関連性のある情報は人の記憶を刺激して、特定の感情に結びつき、さらに共感を高め、次の行動を惹起さしめる。このように、さまざまな体験や想い出、さまざまな観念と記憶を結び

つけることを「感情ノード」と呼ぶ専門家もいる。

　ブランドコンセプトに照らし合わせながら、散発的にではなく統合的に、ブランド体験設計を行わなければならない所以だ。

　ここでいう一貫性とは、インテグレーテッド・マーケティング・コミュニケーション（IMC）という最近のマーケティングトレンドとも関係深い。

　ブランド体験という概念。それを換言すれば、「マルチコンタクトによるユニファイドメッセージの発信」ということに尽きるだろう。

第4章
ブランドの構造とは？
ワンブランドとマルチブランドとは？

正しい親子関係について
そして大きな家とマンションについて

　近頃の若い人は、親のスネばかりかじっている。先だって出会った東京の某大学の学生などは、びっくりするほどの額を実家から送金させておきながら、「お金がもっとほしい」と言っていた。そりゃそうである。豪勢な青山のマンションに住んでいれば、家賃だけでも10万はするであろう。そんな実家では、母親がパートで働きに出ていたりする。お父さんの小遣いがギリギリまで切りつめられていたりする……。

　かと思えば、テレビによく出てくる子役タレントの親は、まだ年端もいかない子供の収入を全部召し上げて、自分たちは悠々自適の生活だという。これもこき使われている子が可哀想である。

　いずれも正常な親子関係とは言い難い。

　さて、何の話をしているのかとキョトンとされている方もおられると思うが、実はこれが今回のテーマのひとつである。

　もうひとつ別のお話をしよう。私が住んでいる町に、古くからの大きなお屋敷があった。その家は大家族だったのだが、息子さんが独立し、娘さんが嫁いでご主人も亡くなられたものだから、奥さんは賃貸マンションを経営することにした。大きな邸宅は取り壊されて、そこに低層のビルを建設中である。

　これも今回のテーマと関係がある。

ブランドモデルの中の重要事項それがブランド構造

　第2章「ブランド形成の3大要件とは？　そしてBIとは？」の中で、グラムコの「ブランドモデル™」について紹介した。

　その中で、ブランドモデルの真ん中に「ブランドバリュー」（ステークホルダーにブランドが約束する独自の価値。さらに、機能的価値の設定から始まって、情緒的価値の設定へと展開されると説明した）と「ブランド理念」、あるいは「ブランドビジョン」（提供を約束する背景にある理念やビジョン）が位置しており、その周辺に8つの満たすべき項目が、時計の文字盤のように並んでいる。

　おさらいをしておくと、「1／ブランドメッセージ」（ブランドの価値や理念を伝えるメッセージ）、「2／ブランドデザイン」（VIをはじめとする、ブランドを感じさせる可視化された世界）、「3／ブランドパーソナリティ」（当該ブランドを人になぞらえた場合の人格）、「4／戦略顧客」（互いに響きあえるような、あるいは特別注力したい顧客ターゲット像）、「5／ブランドポジショニング」（市場における競合他社との差異化を図るためのポジション設定）、「6／ブランド構造」（ブランドの重層的構造をどうするかについての整理と再構築）、「7／体験コミュニケーション設計」（顧客、とりわけ戦略顧客が自分のものと感じられる顧客接点の一貫した方針設定）、「8／マネジメントシステム」（ブランド運営と管理のための体制構築と価値測定メジャーの設定）の8つである。

　第3章では、7番目の「体験コミュニケーション」についてご説明

したが、本章では6番目の「ブランド構造」を詳述したいと思う。この構造は、ブランドモデルの中では基盤的な項目であり、顧客の体験接点にも関連している。ブランドの根幹にかかわる重要な戦略なのである。

ブランドマネジャー制

　ブランドと一口にいっても、さまざまな階層構造を持っている。そのことに触れる前に、数多くのブランドを抱える企業におけるブランドマネジャー制について言及しておきたい。

　米国で1950年代に発達したブランドマネジャー制とは、数多くの商品ブランド、ないしは商品ラインブランドを持った企業が、それぞれを管理するマネジャーをブランドごとに任命して、商品開発、販路開発から広告まで一元的にマネジメントさせるという考え方だった。

　こうした企業でトップへの階段を昇れる人たちは、皆このブランドマネジャーを経験した人たちだといわれている。もちろんブランドマネジャーの権限はそれなりに大きいし、責任も重いものである。売れなければ責任を取らねばならないし、ブランドごと会社から消えてしまわねばならないかもしれないのだから。

　ときには同一企業内で、競合する商品ブランドが併存する場合もあった。あえて競争させて、全体の売り上げやシェアを伸ばそうという考えに基づくものだが、類似商品間でカンニバリズム（共食い）を起こすこともある。こうしたブランドマネジャー制のもとでは、商品ブランド間の連携は起こりづらい。

今回ご紹介するブランド構造とは、企業内、グループ内における縦横のシナジーを働かせる体系をいかに構築するかということである。

ブランドの階層構造と
上位概念のコーポレートブランド

今日のブランド論におけるブランドの階層構造では、こうした商品ブランドが最下層に位置する。無論、一番下に来るといっても、商品ブランドの地位が低いとかましてやどうでもよいということではない。

ブランド構造の三角形の一番上に来るのは、「コーポレートブランド」である。コーポレートブランドというと、イコール社名、と考える方がおられるが、それはまったく違う。ブランドは「商標」であり、

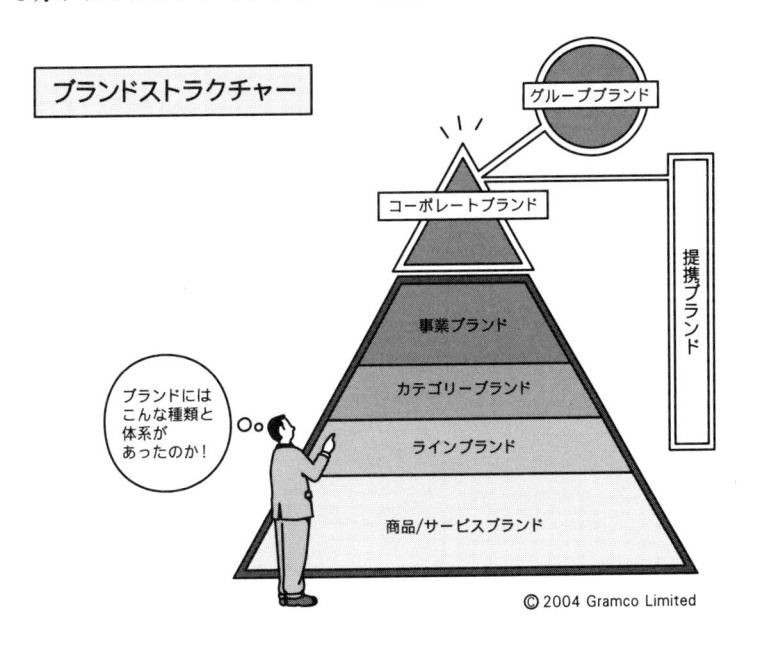

ブランドストラクチャー

グループブランド
コーポレートブランド
事業ブランド
カテゴリーブランド
ラインブランド
商品/サービスブランド
提携ブランド

ブランドにはこんな種類と体系があったのか！

© 2004 Gramco Limited

社名は「商号」である。ここで多少脇道にそれるが、インタンジブルを担保する上でも大切なことなので、ここで正しておきたい。

　日本の場合、商標は商品・サービス（業種業態）の該当類ごとに特許庁に登録出願して、同じ類に同一のもの、類似のものがないかどうかの審査を受けたのち、正式に登録されるものである。いったん登録されれば、この商標は全国区で通用する（国が違えば、別途出願・登録が必要）。

　一方、商号とは「○○○株式会社」「株式会社△△△」といった社名だが、これは本社所在地にある管轄法務局へ登記を行うのである。同じ管内に同一名称があれば、登記は退けられる。こちらには類というものはないので、食品メーカーでも機械メーカーでも流通業でもコンサルティングファームでも、同じ名称ならば受け付けられないのだ。ただし商号は、商標のように全国区ではないから、本社登記地を同一名のない別の管区に移せば登記できるということになる。商標ノット・イコール商号である。

　たとえばオリンパスは、商標と商号が同じだ。最近ブランド戦略導入を機会に、商号（正式社名）をオリンパス光学工業株式会社からオリンパス株式会社に変更しているが、新・旧いずれの社名であっても、商標イコール商号という概念の枠内である。ブリヂストンしかりトヨタしかり資生堂しかり、日本の多くの企業においては、商標と商号が同一（称呼）である。

商標ノット・イコール商号

　一方、ユニクロを展開する企業の社名はファーストリテイリングだ。ビジネスマンなら知っているに違いないが、一般の消費者のなかにはユニクロを企業名と思っている人もおられるだろう。しかしユニクロは、衣料の商品企画・生産から物流・販売を一貫して手がける製造小売事業（第3章で紹介したSPAと呼ばれる事業形態）を括る「事業ブランド」である。このほかに、同社の別の事業として、食品事業子会社であるエフアール・フーズが展開していたのが、野菜と果物のブランド、SKIPである。野菜販売事業を開始した当初、「あのユニクロが野菜を始めた」などと報じられたものだが、決してユニクロ自体が野菜を売っていたわけではない（なお、すでに同社は野菜販売事業から撤退している）。

　オムロンはその昔、立石電機という社名だったが、立石電機だった頃のオムロンは、社名と異なるコーポレートブランドを掲げていたということになる。

　松下電器産業は社名で、パナソニックはコーポレートブランド（と同レベル）の位置にある。国内ではナショナルという長年親しまれたコーポレートブランドもあるが、2004年から海外での使用をやめることが決まった。以前は松下社内では、パナソニックとナショナルの2つが「基本商標」と呼ばれ、National／Panasonicと併記したロゴを「CIマーク」と呼んで企業広告などに展開していた（1999年当時のこと）こともあるので、やはりパナソニックはコーポレートブランドと

同じレベルと考えて差し支えないだろう。

　このほかに、「グループブランド」という上位概念があるし（後述）、提携先と一緒に立ち上げる「アライアンスブランド」もある。「WiLL」（ウィル）はトヨタや松下、コクヨ、アサヒビール、近畿日本ツーリストなどが共同で立ち上げた、意欲的なアライアンスブランドだったといえるし、ANAやSAS、シンガポール航空、ルフトハンザドイツ航空など、さまざまな航空会社が連携する「スターアライアンス」などもアライアンスブランドだ。また、合弁事業などでコーポレートブランドを2つ並べてブランドにするのは、よくある手法だ。日本では「ソニー・エリクソン」などがそれに該当する。中国には多くの事例を見ることができる。

　このような多岐にわたる構造を持っているがために、ブランド構築においては、「ブランド構造」（ブランド体系とか、横文字ではブランドストラクチャー、ブランドアーキテクチャーなどとも呼ぶ）の整理・整頓が欠かせないのである。

親から子へのエンドース 子から親へのリフト

　冒頭で、親子の関係についてと、家をマンションに建て替えた話をした。
　まず親子関係について話そう。
　先ほどのブランド構造図の三角形の頂点にあるのが「コーポレートブランド」で、これが「親」にあたる（親ブランドという概念は別の

ブランド間のエンドース&リフト™

```
                コーポレートブランド
ENDORSING                              LIFTING
                 事業ブランド
                カテゴリーブランド
                 ラインブランド
               商品/サービスブランド
```

© 2004 Gramco Limited

ものを指すこともあるが、一応ここでは「親」と呼ぶことにしよう）。下のほうに来る商品ラインブランドや商品ブランドが子供にあたる。子が親に頼ってばかりいるということは、親が子の面倒をみているのであって、子供は親の送金が止まると暮らしていけない。つまり、親の「保証」のもとに生活しているのである。冒頭の一文は、親ブランドの子ブランドへの「エンドース」（Endorsing）になぞらえてみたものだ。

　他方、子供が親の面倒を見ているということは、子ブランドが親ブランドを支えていることの例えである。この場合は子ブランドが親を「リフト」（Lifting）していることになる。

　私の手元に「きれい録り」というブランドがある（真ん中に大きく

目立つようにロゴがレイアウトされているから、私にはブランドのように見えているだけで、メーカー側はそのように意図していないかもしれないが)。これはビデオテープのパッケージ上の表示である。でもおそらく、消費者は「きれい録り」を目印にこのビデオテープを購入することはないだろう。左上に比較的大きめに表示された「FUJI FILM」のロゴを見て選択することは明白だ。同じ売り場には「写ルンです」が置かれていたが、こちらは十分商品ブランドとして認識されている。「写ルンです」はさらに枝分かれして、シンプルEYE、スーパーEYE、エクセレント、デートなどのサブブランドに拡がっているようだ。

さらに側の棚には、ずらりとアルカリ乾電池が並んでいる。このあたりの消耗品は価格で選ばれることも多いだろうが、それでもブランドは気になる。でも、このとき気にするのはコーポレートブランドであり、商品ブランドではない。商品ブランドの代わりに、素っ気ない番号やアルファベットが付いているだけである。

これらの商品においては、コーポレートブランドが商品ブランド、あるいは商品ブランドがないものは商品そのものをエンドースしているのだ。

親と子の繋がりは希薄か、濃厚か

いま、この原稿を書いている私のデスクの上に、エアーサロンパスとユンケルがある（つまり、私はいま相当疲れているということなのですが)。サロンパスは、肩こりしやすい人にとって、まことに有り難

い偉大なブランドだが、それを提供してくれているのが久光製薬であることをすぐに想起できない方もいるはずだ。ユンケルも私の救世主のようなものだが、これを佐藤製薬が製造・発売していることを知らない人もいる。ただし両社ともここ数年、CMなどのエンドにコーポレートブランドロゴを登場させているので、かなりコーポレートと商品との結びつきが出てきているように思う。

　風邪薬のルル、ベンザ、パブロン、カコナール、ストナ、コンタック、ジキニンなどがどこの製薬会社から出されているのかを即答できる人は、まずいないだろう。コルゲンコーワがコーワ新薬の製品だということはすぐわかるのだが……（キャベジンコーワやウナコーワ、キューピーコーワもそうだが、同社の商品ブランドにはコーポレートブランドが組み込まれていることが多い。巧みな戦術だ）。このように見てみると、市販薬の分野では、コーポレートより商品ブランドが前に出る傾向にあることがわかる。ただこれらは、子が親をリフトしているわけではない。親に利益をもたらせこそするが、リフトしている親が見えづらいのである（別途述べるが、親を隠しているケースもある。これらの薬品は隠しているわけではない）。

　午後の紅茶はキリンと結びついているが、爽健美茶はコカコーラと結びつきにくい。ボスはサントリーと結びつくけれど、ワンダがどこかとなるともうわからない（アサヒ飲料である）。伊藤園とお～いお茶は同時に連想される。このように、親と子の関係が緊密なケースと希薄なケースがある。

　ホンダは小型車市場にフィットを投入したが、投入当初消費者は、

ホンダのエンドースによってこの新車を認識しただろう。さすがホンダだ、デザイン完成度の高いアイデア溢れた小型車だ……と。そしていまフィットは、ホンダと強く結びつきながらも、著名な商品ブランドとしてホンダの総合的な価値を輝かせるのに役立っている。日産が2003年に復活させたフェアレディZは、ある意味で日産のDNAのような車である（だからこそ復活が必要だったのだ）。たとえマーチやキューブのように大量に売れなくても、日産がコーポレートブランドバリューを高めるのにすこぶる有益である。

ドコモは登場したときNTTブランドに助けられたが、いまや無形資産としてそれ自体巨大なコーポレートブランドとなり、その親の下で「i-mode」が産声を上げた。親から子へ子から孫へという図式だ。

あるブランド価値測定の専門家に教えていただいたのだが、調査の結果、ソニーのバイオは、どことは明かせないが、他の競合のコーポレートブランドより遙かに高いブランド価値があることがわかったそうだ。世に出るときには親に十分厄介になったが、独り立ちして、遂に親を助けるまでになったというわけだ。

最初はエンドースではじまり、そのうちにリフトになる。こういう親子関係がブランドの世界でも望ましいといえる。

ワンブランドか、それともマルチブランドか

次は家とマンションの話だ。

大きな屋敷には、同じ苗字を持つ家族が大勢住んでいた。たとえ10人家族でも、全員山田さんである。父親が数郎、母親が花子。そして

息子たちと娘たちがいて、上から一郎、二郎、三郎、四郎、百合子、桜子、桃子、菊子。これで10人。

ところが同じ建物でも、マンションとなるとさまざまな住人が住むことになる。互いに干渉し合うことはないだろうが、それでもひとつ屋根の下であるし、住所も同じである。「ライオンズマンションに住んでいる」「野村のプラウドに住んでいる」と付け加える人もいるだろうが、それはマンションブランドにステイタスやシンボル性がある場合に限られるのであって、「どこに住んでいるの？」と問われて集合住宅の名称を挙げる人は一般的に少ない。つまり、集合住宅の名前は、その建物の住人にはあまり重要ではない。

大きな屋敷の大家族とは、「ワンブランド戦略」の例えである。ブランドコンサルによっては、これをブランデッドハウス（Branded House）などと表現する場合もある。マンションのほうは「マルチブランド戦略」である。これもハウス・オブ・ブランド（House of Brands）と説明されることもある。

ワンブランド戦略を採用している著名な例をいくつか挙げてみよう。自動車産業であれば、メルセデスベンツがその代表例だ。いまはダイムラークライスラー社の事業ブランドという位置づけである。AクラスにはじまってE、上へ行くほどCクラス、Eクラス、Sクラスとなる。日本での販売価格だと、メルセデスベンツのワンブランドで、200万円から1,500万円あたりまでの車種を幅広くカバーしていることになる。無論、AやCやSも商品ブランドといえなくもないが、極論すれば先に述べた乾電池の番号に近い認識記号である。

BMWもプジョーも、番号の並びが車種を表している。面白いのは、単なる番号だと思っていたら、プジョーいわく、三桁の番号で真ん中の数字がゼロになっているのは、プジョー固有のものだそうである。確かに昔から504、604、505とあって、そしていま人気の206、307に至るまで、二桁目は必ずゼロである。かつてポルシェが901という車種を出そうとしたときに、それはプジョー固有のネーミングだから、と使用差し止め請求をして変えさせたことがあるらしい（プジョー・ジャポンの方から直接伺ったので本当の話だ）。それでやむなく、ポルシェは911と番号を変更したというのだ。ナンバリングに商標性が宿る、不思議な事例だ。

　ただこうした欧州の自動車メーカーだけが、コーポレートブランド（あるいは事業ブランドなどの上位ブランド）一点張りの手法を採用しているわけではない。スキンケアを中心とした化粧品ブランド、クリニークや、かのエルメスも、サブネーム的なものはあっても基本的にワンブランドである。ディズニーやノキア、IBM、サムスン、第3章で採り上げたレゴもこの類である。

　コーポレートなどの上位のブランドに、ブランド価値がたっぷりと蓄積されている場合は、そのブランドネームやブランドアイコン（シンボル）によって商品が選択されているために、それを見えにくくしたり、壊すおそれすらあるような下位ブランドの構築を、あえて行わないのである。大方のブランド品と呼ばれるものの世界も、この戦略体系にある。コーポレートや上位のブランドに、品質感、差異性、伝統性が染みこんでいるのだ。

ワンブランド戦略採用のメリット

　ワンブランド戦略の採用は、さまざまな顧客とのコンタクトポイントにおいても、顔と名前が同じであるから、それだけコミュニケーションロスが生じにくいという利点がある。ワンブランドを貫く限りはそのトーン＆マナーを変えてはいけない。そのブランドを深めていくことは肝要だが、みだりに広げてはならない。

　以上に挙げた事例のように、ワンブランドを貫徹しているわけではないが、ワンブランドに近い展開をしている（つまり、とりわけプッシュしたい事業分野やライン、商品において、かなり強い子ブランドが生まれている）例は数多い。グラデーションがあると思っていただきたい。コーポレート＝事業＝ライン＝商品、とまではいかなくても、コーポレート＞事業＞商品のような事例もある。商品分野でコーポレートを前面に押し出すケースは、乾電池やビデオテープの事例を思い浮かべていただきたい。

　上記のワンブランド戦略を、そのままコーポレート→商品、というレベルから、グループ→コーポレート、というレベルに引き上げて考えてみよう。

　実は先に挙げた上位ブランドのいくつかは、大きなグループの中での事業会社や事業ブランドだったりする（メルセデスベンツのように）。グループのレベルまで引き上げると、さすがに商品ブランドまで一貫性を持たせることは難しくなる。ただし、ブランドコミュニケーショ

ンロスをミニマイズしたり、事業横断感のあるメジャーな演出ができるなど、「大きな旗の下に」というアピールが可能である。

わが国では、金融機関にこうした例が散見されるが、Ｂ２Ｂで総合的な役割を演じているグループにも適切な戦略といえよう。

損保ジャパン（正式社名は株式会社損害保険ジャパン）は、グループとして33の事業会社を擁するが、ほとんどすべての事業会社の社名に、「損保ジャパン」ブランドを組み込んでいる。「損保ジャパンひまわり生命」「損保ジャパンDIY生命」「損保ジャパンDC証券」「損保ジャパン・アセットマネジメント」などの顧客接点面の広い中核会社のほか、「損保ジャパン東郷青児美術館」などの芸術・文化施設にも同名を冠するという徹底ぶりだ。

世界ナンバーワンの銀行を擁するシティグループでも、トラベラーズやソロモンスミスバーニーなどは残っているものの、主立った傘下企業ブランドが、「シティブランド・プラス・業態名」といった展開になっている。シティインシュアランス、シティカード、シティフィナンシャル、シティモーゲージなどである。ワンブランド戦略を説明するのに用いた、大邸宅の大家族の例を思い浮かべてもらいたい。山田一郎、山田二郎、山田三郎、のようなものである。

もちろんコーポレートブランドの違うグループ企業の場合には、そのコミュニケーションの一角に、シティグループであることを示すのも忘れていない。

「信用」を売るのか、「商品そのもののベネフィット」を売るのか、そこでワンブランドかマルチブランド（後述）かの選択が分かれてく

るともいえるだろう。

ワンブランド、ソニーのブランド拡張への挑戦

損保ジャパンの場合、あるいはシティグループの場合、その主戦場は金融あるいは保険である。しかし、さまざまな分野にまたがって事業を展開するグループもある。米国のGEグループは、近年金融分野（ファイナンシャルサービス・ビジネス）における売上構成比が高まっていとはいえ、ロングサイクル・ビジネス（航空エンジンやメディカルシステムなど）、ショートサイクルビジネス（家電製品を製造するコンシューマープロダクツや工業用特殊素材、プラスチックなど）も手広く営んでいる。だがGEは全業態、徹底したワンブランド戦略を貫いている。唯一例外は、公共性が高い放送事業（米国3大ネットワークのNBC）のみである。

いったいひとつのブランドはどこまで拡張することが可能なのか。文具ブランドから車が売り出されても果たして買うだろうか。薬品会社（たとえばタケダ）は健康飲料（たとえばC1000タケダ）へは展開しやすいだろうが、タバコ会社、たとえばJT（日本たばこ）は飲料に出ていくのに当初かなり苦労したはずだ。花王はトイレタリー分野から食品分野（健康エコナ、ヘルシア緑茶など）へと拡張できたが、化粧品分野では、ソフィーナなどの事業ブランドを前面に押し立てたブランド展開を推進した（これは、次に説明するマルチブランドに関連するテーマだ）。

ソニーは、AVCCというコアな事業分野でソニーブランドを高め、

そのブランド力を梃子にして、生保事業へと進出した（当初は外資とのJVで）。また、AVCC周りのソフトを提供するという観点から、プレイステーションのソニー・コンピュータエンタテインメントや、ソニー・ミュージックエンタテインメント、ソニー・ピクチャーズエンタテインメントなど、エンタメ系ビジネス分野へと拡張させた。さらに生保で形成された保険金融イメージを活用して、ソニー損保、ソニー銀行へと金融系の幅を広げてきた。

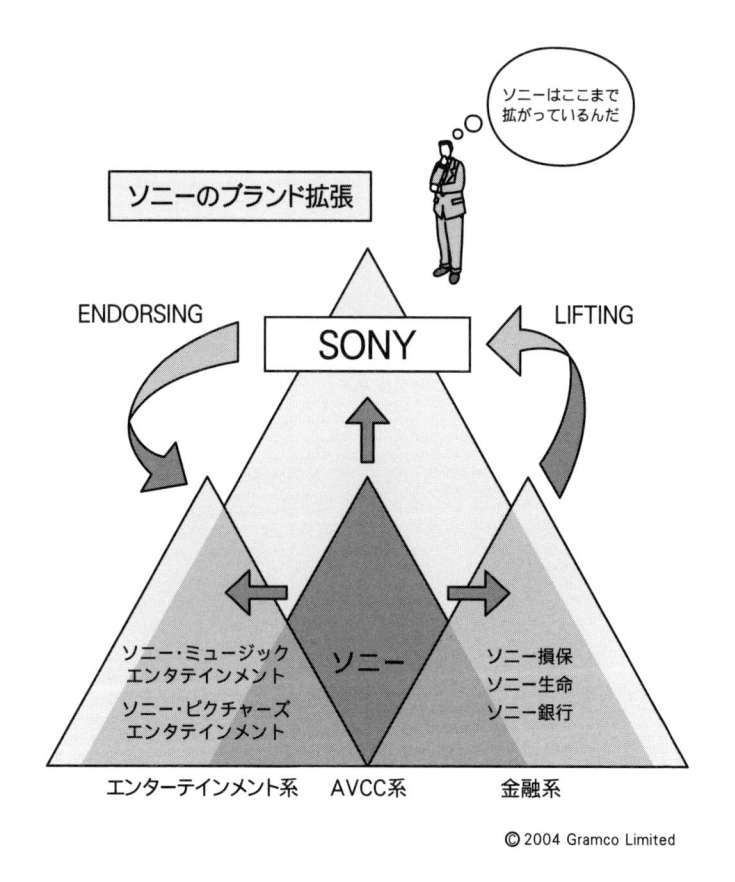

ソニーのブランド拡張

ソニーはここまで拡がっているんだ

ENDORSING　　　　　　LIFTING

SONY

ソニー・ミュージック
エンタテインメント
ソニー・ピクチャーズ
エンタテインメント

ソニー

ソニー損保
ソニー生命
ソニー銀行

エンターテインメント系　　AVCC系　　金融系

© 2004 Gramco Limited

すべて「音」で聞くブランドはソニーである。このほかに物販事業のソニープラザもある。

世界のブランド、ソニーはどこまで拡張可能なのか。無論ビジネスモデルとしてのシナジーが相互に働くということを念頭においての展開だろうが、そもそもソニーという、シンプルで透明感のあるブランドネーム自体の拡張性が高かったこと、これまでソニーブランドへと蓄積させてきた価値の許容範囲が広かったことも注目される。

モノグラムと呼ばれるシンボルを一貫して展開するGEと、ソニーが異なる点は、ブランドを可視化する役割を担うVIに関して、事業分野ごとに別のロゴを用意していることだ。「ソニーブランド拡張」の図の真ん中の中核事業では、「SONY」ロゴ一本で通している(このコア事業には、コア事業を支えるロジスティクスやトレーディングなども含まれる)のに対して、エンターテインメント事業では各社がそれぞれのロゴを持ち、金融事業では「S」をシンボライズしたひとつのロゴを共有している。つまり、音ではグループ全体でソニーを共有するが、コア事業とは性格を異にする事業では、視覚的な面(ビジュアルなアイデンティティ)でブランドの差異化を図るという戦略である。

マルチブランドはカオスか、それとも巧妙な戦略か

他方、マンション型のマルチブランド戦略について説明しておこう。

金融ビッグバンなどといわれ、世界中で統合・合併が繰り返されたのは、20世紀の終わりから今世紀の初めにかけてである。

「ブランド・イズ・プロフィット」といったのは日産のカルロス・

ゴーンさんだが、まさにその通り世界は動いているのだ（ゴーンさんがおっしゃる意味とは多少異なるのだが）。

　いかに老舗のブランドであろうと、所詮ドメスティックな市場感覚に依拠していることが多い。こうした老舗企業に、世界戦略を立案し遂行するようなグローバルな経営能力に長けた経営者を見出すのははなはだ困難である。日本人だけがドメスティックなわけではない。イタリア人だって、フランス人だって、そんな人はいくらでもいる。ところがマーケットはユニファイドしていき（世界がひとつになっていき）、ビジネスチャンスは国境をまたいで拡がっていく。

　それから、必ずしも優秀な経営者の子供が優秀な経営者になるとも限らない（もちろん、優秀な方もたくさんおられることは紛れもない事実として申し上げておくが）。世継ぎが尽きてどうしようかということになると、誰かに経営を頼まざるを得ない。そんなときアルノーさん（LVMHの会長）のような人が現れて、次の世紀、次の次の世代へとブランドを繋いでくれるというわけである。

　LVMH（フランス）やリシュモングループ、スウォッチグループ（いずれもスイス）のような、数多くの老舗ブランドを集めてグローバルに展開しているようなグループは、マルチブランドホールダーであり、ひとつひとつの傘下ブランドの自主性、独立性を維持しながらも、製品を世界市場へと送りだしているのだ。ただし単なる資本家ではなく、相互のブランドシナジーが働くように、システマティックに考えられている。LVMHは、傘下にデューティフリーショッパーズのような売り場を持つことで、これらの老舗ブランドを同一の場で併売し、

こうしたブランドトーンを好む同じ特性の顧客（この中には日本人が多く含まれる）に対して販売することができるし（これを私たちは「顧客囲い込み型ブランドサークル™」と呼ぶ）、スウォッチグループは、各種時計のムーブメント生産拠点をグループ内に保有することで、生産効率を向上させることができるのだ。

　見方によれば、これは冒頭で触れた米国型ブランドマネジャー制によるブランドコントロールの概念を巨大化させたともいえる。ワンブランドの対極に立つ戦略だが、こちらはこちらでよく考え抜かれているのである。

　これらのブランドの展開に際しては、スウォッチグループやリシュモングループのエンドースは不要である。むしろ親ブランド（グループ）はあまり前面に露出させぬほうが得策である。

　ちなみにスウォッチグループ傘下のブランドは、ブレゲ、ブランパン、オメガ、ロンジン、ラドー、ティソ、サーチナ、ハミルトン、スウォッチなどであり、販売価格帯は1億円から下は3,000円までをカバーしている。オメガのベゼルにスウォッチの表示をしても、何の得にもならないことはおわかりのとおりだ。

顧客を上へと誘うブランド

　また同様のマルチブランド戦略を採りながらも、顧客には同じグループ内での事業展開であることを悟らせる、スターウッドホテルズ＆リゾーツのようなやり方もある。

　セント・レジスホテルを頂点とした同社のホテルブランドは、その

スターウッド ホテルズ & リゾーツの
ターゲット育成型マルチブランドツリー™

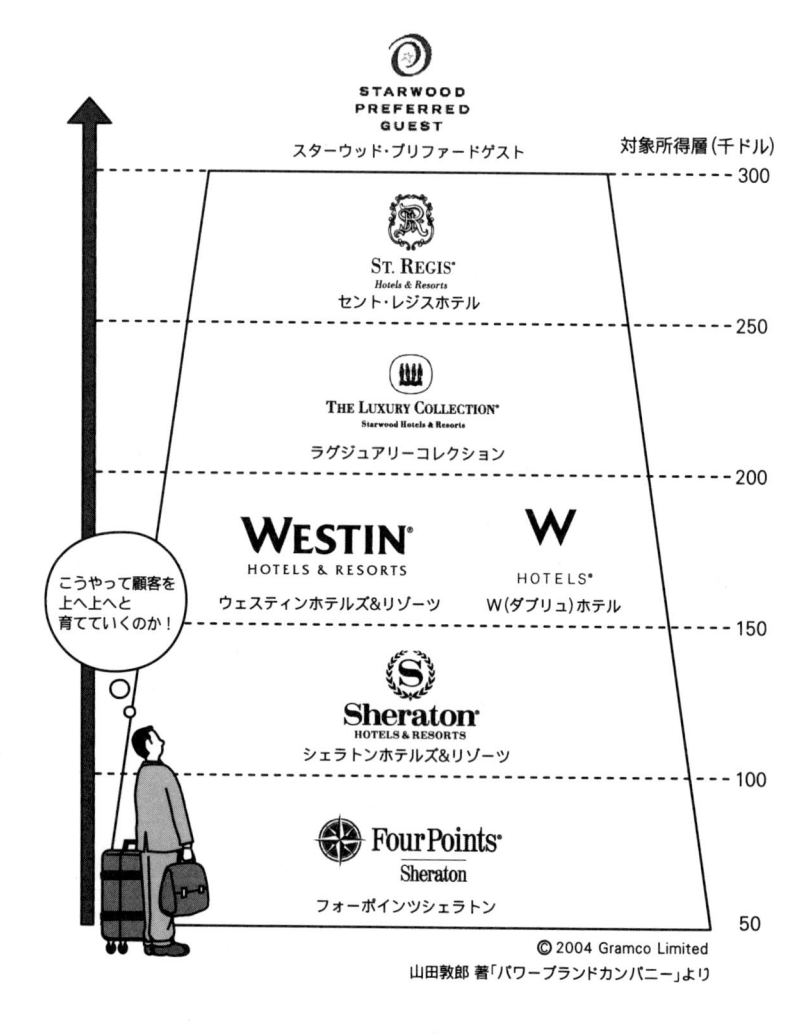

STARWOOD
PREFERRED
GUEST
スターウッド・プリファードゲスト

対象所得層(千ドル)

---- 300

ST. REGIS®
Hotels & Resorts
セント・レジスホテル

---- 250

THE LUXURY COLLECTION®
Starwood Hotels & Resorts
ラグジュアリーコレクション

---- 200

WESTIN®
HOTELS & RESORTS
ウェスティンホテルズ&リゾーツ

W
HOTELS®
W(ダブリュ)ホテル

こうやって顧客を
上へ上へと
育てていくのか!

---- 150

Sheraton®
HOTELS & RESORTS
シェラトンホテルズ&リゾーツ

---- 100

Four Points®
Sheraton
フォーポインツシェラトン

50

© 2004 Gramco Limited
山田敦郎 著「パワーブランドカンパニー」より

すぐ下にラグジュアリーコレクション、さらにその下にウェスティンホテルズ&リゾーツ、W(ダブリュ)ホテル(インテリアがお洒落な、いま米国で話題のデザインド・ホテル)、シェラトンホテルズ&リゾーツ、フォーポインツシェラトンがあるという階層構造である。

ただ、これらがバラバラに配置されているかというと、そうではない。スターウッドにはSPG（スターウッドプリファードゲスト）というロイヤルティプログラムがあり、同ホテルグループのホテルに宿泊することでマイレージが貯まれば、それを利用してさらに上のクラスのホテルにも泊まることができるのである。いつもは出張でフォーポインツに投宿する若いビジネスマンが、SPGで貯まったポイントを利用して、シェラトンに宿泊してみると、なかなか快適で心地よい。そういう経験をしたとする。すると、この顧客が昇進して課長になって、出張費が平社員より出るようになったときに、「じゃ、あのときに泊まったシェラトンを常宿にしよう」と思い至ることになる。

さらにマイレージを利用して、彼はあるときウェスティンを体験する。ウェスティンは彼がさらに昇進することを期待して待っている、というわけである。

このように、SPGは顧客の成長とともに上のクラスへと導いていく、よくできたマルチブランドを繋ぐ方法でもあるのだ。私たちはこのようなマルチブランド体系を、「顧客育成型ブランドツリー™」と名付けている。

マルチブランドによる市場制覇

　また、マルチブランド戦略に関しては、シボレー、ポンティアック、キャデラック、サターン、サーブなど、相互に無関係に見えるたくさんのブランド（彼らはディビジョナルブランドと呼んでいるが、要するに車種ブランド）を展開する米国ゼネラルモータースの例がある。

　シボレーの下にはマリブがあり、キャデラックの下にはセビルがある。これらは製品ブランド（ないしはネームプレート）である。

　どの価格帯、どのテイストの車種を選ぼうとも、そこには必ずGMの車が用意されている。同社ではGMブランドを隠しているわけではないが、積極的に訴求しないようにしているという。だから、サターンがGMの車だと知らない米国人もいるくらいだ。キャデラックとシボレーの繋がりも見えづらい。トヨタと、今度日本にも逆上陸したレクサスの関係然りである。1900年代の初頭、いくつもの自動車メーカーの統合によって生まれたGMゆえに、このようなブランド体系となっているのだが、これを維持してきたマルチブランド体系が、GMに幅広い顧客層を引きつけているといえるのだ。こうしたブランド体系を、私たちは「顧客網羅型ブランドマトリックス™」と呼ぶことにしている。

　このように多くの車種ブランドを持つ同社だが、それぞれのブランドが勝手に動いているわけではない。デトロイトの本社ですべてのブランドがしっかりと管理されているのである。

　ただしIRの観点からは、GMとしての技術力や理念、あるいはこれ

らの車種展開の総合力、市場シェアを強くアピールしている。消費者と投資家に対する情報伝達は、マルチブランドの場合多少変えなくてはならないということである。

2003年6月に、わが国の公正取引委員会が、「ブランド力と競争政策に関する実態調査」というレポートを公表している。このレポート上で同委員会は、「いまのところ有力ブランドの獲得を目的とした企業結合等は（日本では）活発に行われていないが、今後機会があれば他社ブランドを獲得したいと考えている企業も多く、ブランド集中に着目していく必要がある」と述べている。戦略的に運用されれば、マルチブランドは市場を制覇する極めて高度な体系であるということを、公取委が認めているのだ。

わが国では、服飾業界で「インディヴィ」や「オゾック」「アンタイトル」「インデックス」「アクアガール」など多くの自社ブランドを展開するワールドも、マルチブランド戦略の推進者と呼ぶことができるだろう。

第5章
ブランドデザインとは？
クリエイティブブランディングとは？

国境を越えるブランドデザイン

　2003年12月末、私は中国にいた。お陰で家族とクリスマスを過ごせなかったし、年末までに片づけようとしていた次の出版の仕上げも結局年をまたいでしまうことになった。まったく慌ただしい1年だった。

　でも中国で、私はかけがえのない体験をすることができた。某大手国営金融機関に対して、プレゼンテーションする機会を得たのである。その準備のため北京の代理店のチームと久々に徹夜する羽目になったが、共同作業したことで生まれた彼らとの連帯感や充実感は、得難い収穫だった。

　北京のスタッフたちは、ガッツやバイタリティにおいて私たちを上回っているかもしれない。旺盛な知識欲、前向きなチャレンジ精神を持つ一方、謙虚さや真面目さ、ひたむきさも併せ持っている。きっと2、3年後、彼らはとても優秀なプランナー、クリエイターに成長しているに違いない。私を招聘してくれた現地代理店のトップに、心から感謝している。

　その足で私は北京から上海に向かった。今春2004年5月に発足した現地法人設立準備のためだった（注：格拉慕可企業形象設計諮詢上海有限公司＝略称GRAMCO SHANGHAI。それにしても正式社名が長い！）。数年前から同地には何度も足を運んでいるのに、行くたびにその変貌ぶりに驚かされる。黄浦江を挟んだ浦東地区の開発も進んで、近代都市としての完成度が一段と高まっている。人々のファッションも、現地製の家電製品も、町を走るクルマも、新築高層ビルのデザイ

ンも、どんどん最先端のお洒落なものへと変化している。ライブハウスやブティックが建ち並ぶエリアが出現し、世界のブランドの名店ばかり入居するファッションビルもできた。北京も上海も、2008年のオリンピック、2010年の万国博覧会というひとつのゴールがあることもあり、熱気を孕みながらまっしぐらに成長していくことだろう。

　金融機関への提案では、ブランドのデザイン的な側面を提示して、大変好評を得た。人々のデザイン志向、ブランド志向もいたって熱い。ビジブルなブランド表現は、企業にも消費者に対しても、国境を越えていく力がある。

　枕が長くなったが、本章のテーマは「ブランドデザイン」「クリエイティブブランディング」である。

ブランドは「表現」によって伝達される

　第3章では、「ブランド体験」について紹介した。ブランド体験とは、顧客を含むステークホルダーが当該ブランドに纏わる良い体験をすると→それが良い記憶となって蓄積され→当人の意識下でブランド化する→そうすると次の購買行動や関与行動を惹起して→関係が長期化していく。つまり、体験がブランドをつくる、という話をした。

　この体験形成に大きく寄与しているのが、「ブランドの創造的表現」（＝ブランドデザイン）である。表現のレベルが低ければ「知覚品質」の低下を招く。表現が一貫性を持つ高度なものであれば、高い品質としての知覚を得ることができる。

　この創造的表現は、かなり広範に及ぶものだ。ステークホルダーと

のさまざまなコンタクトポイントで展開されるからだ。商品で、ウェブで、店舗で、ショールームで、広告で、CMで、販売ツール上で、そして社員が差し出す名刺で、とそれは多様である。同じ章で紹介した「ブランドリング™」のことである。

しかし多様であっても、それらが一貫性を欠いてはならない。顧客接点を一気に貫き通しているもの、その意味でブランド表現の頂点に立っているもの、それが「ブランドシンボル」（マークやロゴなど）である。

良い体験と記憶の繰り返しは、顧客の脳裏に蓄積されると同時に、ブランドシンボルにも蓄積されていく。ときにはこのシンボルを「ブランドアイコン」と呼んだりもする。アイコンとは本来は聖画像のことだが、転じて共感形成を促す印のことを指す。たとえば街角で、あるいはウェブや各種メディアでそのブランドアイコンに触れると、「これ好き！」とか「信じられる！」という情動がこみ上げるのである。

磨くほどに輝きを増す宝物、ブランドシンボル

ここにいくつか、ブランドシンボルの例を示そう。

損保ジャパン（正式社名は損害保険ジャパン）は、安田火災、日産火災などの4社が合併した、東京海上に並ぶ大型損保会社である。昇る朝日とジャパンの「J」をモチーフにした、愛称「ライジング−J」というシンボルマークが、同社とグループ企業に2002年7月から導入された。ブランドを表すカラーは、「バーニングレッド」と名付けられた鮮烈な赤である。「ウェーブライン」という、シンボルを補佐するサ

ブエレメントも用意されている。

　シンボルマークないしはブランドアイコンは、その名のとおりブランドを象徴する価値や記憶の蓄積先であり、顧客と企業を繋ぐ太いパイプの役割も果たしてくれる。だからそのデザインも、デザイナーへの天からの閃きによってもたらされるものではなく（無論そういう一面も必要だが）、ブランドコンセプトに準拠したデザインクライテリア（開発基準）に沿って開発され、慎重に吟味・決定されなければならない。

　損保ジャパンの場合も合併前から検討を重ね、合併発表記者会見の際マスコミを通してお披露目されている。マークやカラーに込めた想い、マークの持つ意味なども明確に規定されている。

　ちなみに「ライジング-J」というシンボルは、「既成の価値へのあくなき挑戦、新しい時代に合わせて保険の世界をしなやかに変えていく決意」を表明したものであり、コーポレートカラーの「バーニングレッド」は、トップを目指す意志を鮮烈に表現している。

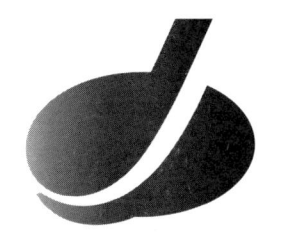

　損保会社だけでなく、「損保ジャパンひまわり生命」「損保ジャパンDIY生命」「損保ジャパンDC証券」などのグループ各社でもこのシンボルを共有しているから、さまざまな顧客とのコンタクトポイントで露出することになる。マークに触れること自体も体験だが、マークに触れるたびに、過去のプラスの体験、プラスの記憶が顧客やターゲットの頭の中に思い浮かぶ。またグループ企業の社員の人たちにとって

は、一体感や、心を鼓舞するはたらきも持つのである。

たとえばブリヂストンのロゴを目にすると、ポテンザやレグノなどの記憶とともに、「高級、高品質なタイヤだ」と想起したり、F1やM・シューマッハやフェラーリの記憶に連鎖して、「走りのすごいタイヤだ」と直感するに至る。ブリヂストンロゴの場合は、読めるマーク（可読性のある文字で構成された綴り）である。こういうものを私たちはワードマークと呼んだりもする。ブリヂストンでは、このロゴの頭の一文字、「B」だけを取り出して立体化し、プロダクトコミュニケーションの際に広告面上で用いたり、ブリヂストンを履いているF1の車体ノーズに付けたりしている。

デジカメで世界4大ブランドの一角に躍り出たオリンパスの場合も、読めるロゴを使用している。同社ではこれを「コミュニケーションシンボル」と呼び習わす。ブランド戦略への取り組みに伴って、OLYMPUSロゴの下に、「オプトデジタルパターン」という愛称を持つ鮮やかな黄色のラインがあしらわれた。オリンパスはそのブランド価値創造の基盤を、オプトデジタルテクノロジー（長年培ってきた光学技術と最新のデジタル技術の融合を意味する）と定義しており、オプトデジタルパターンは「光のイメージと無限に拡がる可能性」を表している。

海外の事例として、フランスのプジョーを挙げておこう。このライオンのシンボルは、1800年代、プジョーがまだ自動車メーカーではなく、鉄の圧延をやっていたころ、同社の刃物製品に表示したことに始まる。2002年、現在の立体的なデザインへとブラッシュアップされるまでに、過去1世紀以上にわたって何度も手直しされてきた。一時期は盾型紋章のように盾の形の中に置かれていたこともある。ヘリテッジ（伝統的遺産）を感じさせるいかにも欧州風のクレスト（家紋）型ブランドシンボルだ。変更を重ねてきた背景には、「シンボルは絶対継承していくべきものだが、時代とともに変化していくべきものでもある」との思想がある。立体化することで、プジョーテクノロジーを強調したかった、という想いもあったという（ブランドシンボルの立体表現は、まず独アウディから始まり、いまは自動車各社から他の業態へと広がっている）。

　このように、ブランドを表現すると同時に顧客の共感を呼び覚まし、顧客の重要な「選択の目印」となり、ブランド価値の貯金箱にもなってくれるアイコンは、宝物のように大切に扱わねばならない。磨けば磨くほどに輝きを増す。そういう性格のものである。
　ブランドシンボルは、BVIS（ブランドビジュアルアイデンティティシステム）という考え方のもと、一定のルールに則って運用される。ブランドシンボルやロゴタイプ、カラーは、その中で「基本デザイン

要素」という基盤的役割を果たすものだ。これらの要素の組み合わせ使用方法を「基本デザインシステム」と呼び、さらにさまざまなアイテムや媒体への展開方法、使用可能範囲などの規定を「展開デザインシステム」と呼んでいる。　大切に扱わないと、所期のブランドコンセプトを伝えることができなかったり、あるいはイメージの毀損を招いたりするので、BVIS管理マニュアルがつくられ、管理部署、関係部署によってコントロールされるのだ。

　また知的財産として、こうしたブランドシンボルは、特許庁に出願し図形商標として登録されなければならない。第4章で説明したブランドネーム（称呼商標）同様、保護する必要がある。

　ただし今日のブランドデザインは、かつてのCIのように、シンボルマークさえあれば大丈夫、というわけではない。以前ブランドの四条件として示した「卓越性」「広知性」「独創性」「伝説性」を満たすためにも、ブランドフィールを形成するあらゆる場面で、ブランドの知覚品質を高めるための「クリエイティブブランディング」が求められているのである。

　四条件をブランドデザインに結びつけるブリッジを、「ブランドデザイン条件」として別図のとおり纏めておくことにしよう。

ブランドの価値を提示するメッセージ

　第2章では、グラムコが使用している独自の「ブランドモデル™」を紹介しながら、ブランドのアイデンティティ基盤を成す各要素を解説した。このブランドモデルの中心には、ブランドバリューとブラン

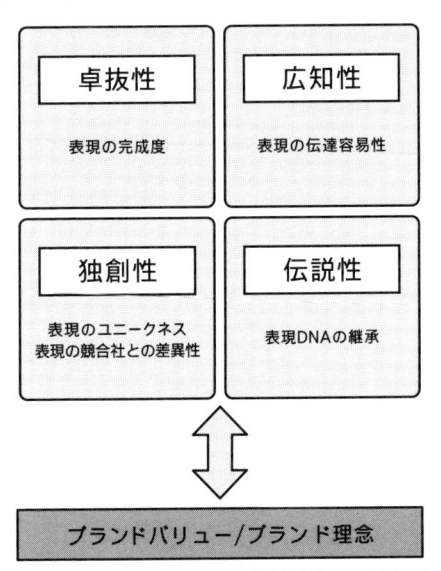

```
┌─────────────────────┐
│  ブランドデザイン条件  │
└─────────────────────┘
  ┌────────┐  ┌────────┐
  │ 卓抜性 │  │ 広知性 │
  │表現の完成度│ │表現の伝達容易性│
  └────────┘  └────────┘
  ┌────────┐  ┌────────┐
  │ 独創性 │  │ 伝説性 │
  │表現のユニークネス│ │表現DNAの継承│
  │表現の競合社との差異性│ │        │
  └────────┘  └────────┘
            ⇅
  ┌─────────────────────┐
  │ブランドバリュー/ブランド理念│
  └─────────────────────┘
```

© 2004 Gramco Limited

ド理念・ブランドビジョンがあり、その周囲に8つの要素が並んでいる。その中にずばり「デザイン」という項目があるが、ブランドの創造的表現は、その他の「メッセージ」「パーソナリティ」「体験コミュニケーション」という各要素とも関係している。

　ブランドモデル要素の「デザイン」とは、主に前述したブランドシンボルなど、基本デザインの各要素を指している。第2章においては「ブランドを体現するデザイン」であると説明した。「メッセージ」はこれに対して、言語である。ブランド価値や理念をステークホルダーにわかりやすく伝えるものだ。

　「パーソナリティ」はブランドを人に例え、その性格や組織としての

顧客たちへの接し方、振る舞い方を規定するものだ。「体験コミュニケーション」については、顧客たちが自分のブランドだ、と思える顧客接点の在り方を規定して、好ましいブランド体験を提供できるようにするものであると定義した。

　ブランドメッセージには、「ブランドスローガン」や「ブランドステートメント」などが含まれる。スローガンは、提供価値やブランド理念、ポジションなどを短い一言で纏めた、伝達性が高く、コミュニケーションでの露出度も高いものだ。ステートメントは、ブランドとしての自己定義、意志や決意を語る、やや長文の文章表現である。これらは対外的に各種顧客接点で発信するだけでなく、インターナルなブランド活動を通じて、社員も役員も十分理解し共有するべきものだ。

　このようなメッセージは狭義のデザインではないが、創造的表現作業（ブランドデザイン）の要（かなめ）のひとつであり、ブランドシンボルに匹敵する存在感を持つものである。

　これらのブランドスローガンは、「ブランド提供価値訴求型」「ブランドビジョン表明型」「顧客対応姿勢（CS）表明型」「顧客行動喚起型」などに分類されるが、提供価値といっても単に機能的なモノそのものの価値ではなく、そのモノを介して満たされる情緒的な価値を訴えかけているものが多いことに気付かれるだろう。

　ヒューレットパッカードの「invent」は、同社の核となる提供価値であるとともに、同社が創業以来持ち続けたDNAでもある。だから同社のシンボルマークには、この「invent」が一体となって完全に組み込まれている。またIBMの「e-business」もスローガンという位置づけではなく、もはや同社のビジネスモデルを示すものとなっている。

- ヒューレットパッカード：invent
- NEC：Empowered by Innovation
- 日立：Inspire the Next
- アップルコンピュータ：Think Different
- 三菱電機：Changes for the Better
- キヤノン：make it possible with canon
- オリンパス：Your Vision, Our Future
- ブリヂストン：PASSION for EXCELLENCE
- トヨタ自動車：Drive Your Dreams．人、社会、地球の新しい未来へ。
- 日産自動車：SHIFT_the future
- 本田技研工業：The Power of Dreams
- プジョー：PEUGEOT. DESIGNED FOR YOUR PLEASURE.
- コナミ：びっくり＝Be Creative
- ナムコ：アソビ・ハイッテル？
- 野村不動産：一生の出会いを、しましょう。
- KDDI：Designing The Future
- ノキア：CONNECTING PEOPLE
- 日本郵政公社：真っ向サービス
- 東京三菱銀行：BANK FOR YOU
- UFJ銀行：こたえていくチカラ。
- 新光証券：あなたの満足、最優先。
- マスターカード：お金で買えない価値がある。買えるものはMasterCardで。
- 日本航空：Dream Skyward.
- 全日空：Good Times Fly
- セコム：あらゆる「不安」のない社会へ。
- 朝日新聞社：チャレンジャー！
- リクルート：FOLLOW YOUR HEART
- 旭化成：イヒ！
- ナイキ：Just do it.
- コスモ石油：ココロも満タンに
- ロレアル：あなたにはその価値があるから
- 味の素：あしたのもと
- カゴメ：自然を、おいしく、楽しく。

（2004年7月現在）

何だ、やたら横文字が多いな、と思われる読者の方も多いことだろう。これは単に趣味の問題ではなく、近年の傾向として、全世界で共通に使用するグローバルスローガンが増えたことにも起因する。他方プジョーのように、日本では「PEUGEOT. DESIGNED FOR YOUR PLEASURE.」(あなたの喜びのための車づくり)、本国のフランスでは「POUR QUE L'AUTOMOBILE SOIT TOUJOURS UN PLAISIR」(いつも喜びとなる車のために)と、ほぼ同義ながら世界各国でローカライズさせているところもある。

 韻を踏んだり、覚えやすい言葉を用いながらも他と差異化できる独創の言葉を提示することが、このスローガン開発では肝要である。スローガン自体をデザイン化(ロゴ的なかたちに)して、ブランドシンボルと組み合わせて使用するケースも増えている(ブリヂストンを参照)。

顧客接点での一貫性をどう達成するか？

 顧客たちとのコンタクトポイント・コミュニケーション(商品、ウェブ、店舗、ショールーム、広告……)では、ブランドの「パーソナリティ」が表現全体を通して伝わるようにするべきである。パーソナリティは、クリエイティブワーク上の「トーン＆マナー」や「ボイス」へと変換される概念だ。どのような人か、どのような性格か、を表そうとすると、自ずとそのブランドらしい言葉遣い、色遣い、調子なども決まってくるのである。
 しかし、コンタクトポイントの随所に現れる姿や、語りかけてくる

声(いわゆるブランドのボイス)にもし一貫性がないとしたら、それは1人の人として捉えられない、ということになる。顧客たちのブランド体験が連鎖しない、体験と体験の間で共通の連想が起こらない、ということになる。記憶の多くは、人の脳にエピソードとしてインプットされるのだから(第3章参照)、エピソードが異なれば同じものと知覚されず、どのような人だったかという記憶が束ねられないのだ。これは、ブランド発信としては極めて効率の悪いアプローチという他ない。

こうした「そのブランドらしさ」を、トーン&マナー規定書によって厳格に定めている例もある。たとえばブリヂストンの場合、広告表現などのコミュニケーションにあたっては「ブランドイメージ目標」を設けて、『ダイナミック』『イノベイティブ』『ソフィスティケーテッド』であることを基準としてクリエイティブワークが行われている。

建機メーカーの米・キャタピラーや、デンマークの玩具メーカーのレゴなども、ブランドのボイスを規定するガイドラインを持っている。

広告や販売ツールなどで一貫して使用するフォーマットと同様、「カラーパレット」という技法を用いることもある。画家がパレットの上に並べる絵の具のように、絵を描くに際して常用する色である。色の達人といわれるシャガールの色遣いとピカソのそれが根本的に異なり、一目みて両者の作風を見分け得るものであるのと同じように、色の規定は、各ブランドの個性を表すものとなるのだ。

ここでは体験コミュニケーションが一貫性を保持しているひとつの例として、業績好調の飲食系ブランド、プロントを示しておこう。昼はカフェ、夜はバーという業態を、太陽と月のブランドシンボルで表

しており、その店舗も、昼から夜へと緩やかに変化する雰囲気を、一貫性をもって創り上げている。

　上記以外のブランドモデル要素も、それぞれの観点からブランドの創造的表現＝ブランドデザインに結びついている。曼陀羅のように広がる輪の中に、関係するブランドデザイン項目が示された「ブランドワールドデザインサークル™」である（図参照）。

　ポジショニングでは競合会社のブランド表現を、戦略顧客については、目指すべきターゲットのライフスタイルなどのデザイン視点を把握するという、ブランドデザインに際しての前提与件を得るための項目が含まれる。

　また「戦略顧客へのデザインアプローチ」の図は、ブランドデザインに関係深いところだけを抽出したものだ。ブランドワールドデザインサークルを、簡潔に纏めたものと理解していただきたい。顧客たちにブランド世界を一貫したものとして知覚してもらうには、「ボイス」

グラムコ・ブランドワールドデザイン

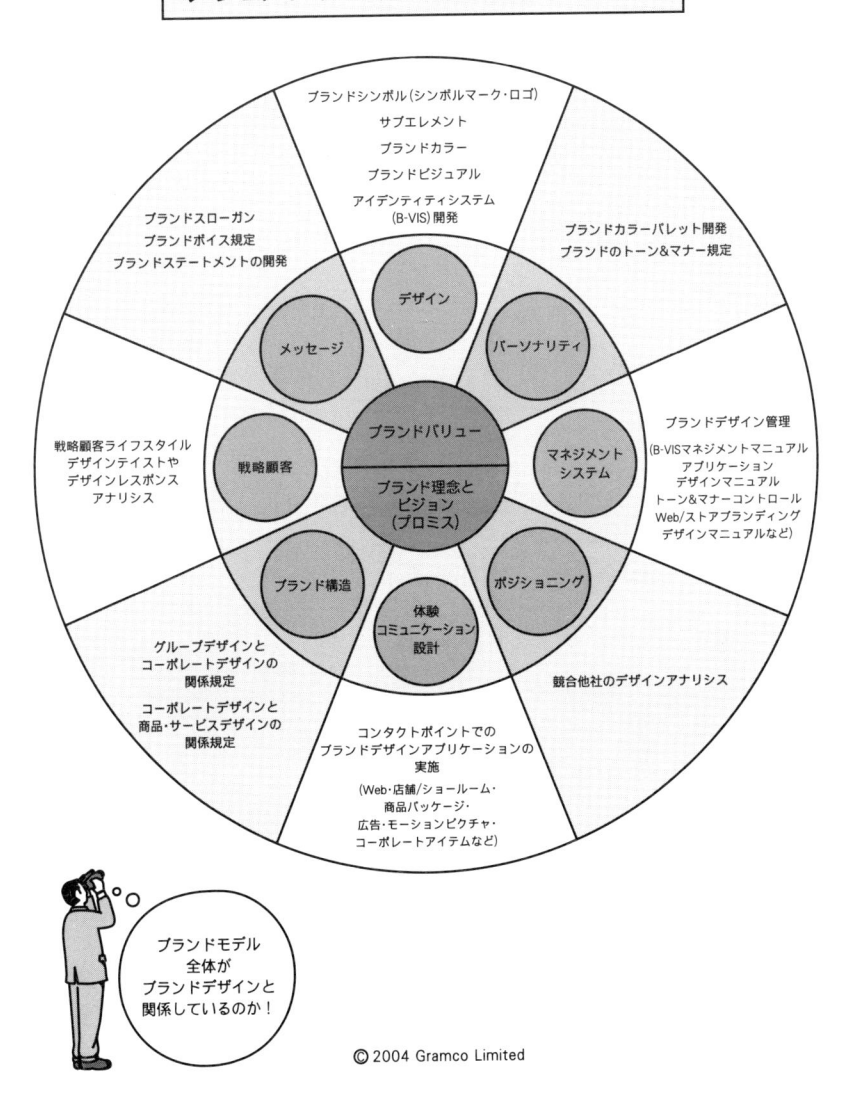

中心: ブランドバリュー／ブランド理念とビジョン（プロミス）

8つの要素（中心周辺）:
- デザイン
- パーソナリティ
- マネジメントシステム
- ポジショニング
- 体験コミュニケーション設計
- ブランド構造
- 戦略顧客
- メッセージ

各セグメントの説明（外周）:

- **デザイン:** ブランドシンボル（シンボルマーク・ロゴ）／サブエレメント／ブランドカラー／ブランドビジュアル／アイデンティティシステム（B-VIS）開発

- **パーソナリティ:** ブランドカラーパレット開発／ブランドのトーン&マナー規定

- **マネジメントシステム:** ブランドデザイン管理（B-VISマネジメントマニュアル／アプリケーションデザインマニュアル／トーン&マナーコントロール／Web/ストアブランディングデザインマニュアルなど）

- **ポジショニング:** 競合他社のデザインアナリシス

- **体験コミュニケーション設計:** コンタクトポイントでのブランドデザインアプリケーションの実施（Web・店舗／ショールーム・商品パッケージ・広告・モーションピクチャ・コーポレートアイテムなど）

- **ブランド構造:** グループデザインとコーポレートデザインの関係規定／コーポレートデザインと商品・サービスデザインの関係規定

- **戦略顧客:** 戦略顧客ライフスタイル／デザインテイストやデザインレスポンスアナリシス

- **メッセージ:** ブランドスローガン／ブランドボイス規定／ブランドステートメントの開発

> ブランドモデル全体がブランドデザインと関係しているのか！

© 2004 Gramco Limited

と「トーン」によってすべてが表現されることが理想である。

　欧米大手ブランドの趨勢を眺めると、ブランド構築における重心は、ブランドバリューやブランド理念・ビジョンの構築という段階を終えて（もちろん定期的見直しは必要）、ブランドデザインの領域へと移りつつある。「会計学的アプローチ」「マーケティング的アプローチ」「構造論的アプローチ」に加えて、今後はわが国でも、「クリエイティブブランディングアプローチ」が注目されるようになるだろう。

　いずれにせよ、戦略立案やその前提となる統合分析・リサーチにしても、私はブランド構築に纏わるすべての仕事は創造的たれ、と言っている。決して左脳だけを働かせて仕事するなということだ。一方グラフィックやウェブや店舗のデザインに携わるデザイナーたちには、右脳だけでなく、絶えず左脳も使いなさい、ブランド構築の初期段階から参加して戦略コンセプトを十分理解するように、と指導している。

　コンセプトとクリエイションが繋がっていないケースをよく見かける。コンセプトからジャンプすることも大事だが、個人的な感性だけに頼るジャンプでは間違った方向へ飛ぶこともある。論理的かつ創造的な発想をもった、構築作業の初期からの一貫性が重視されるべきである。

戦略顧客へのデザインアプローチ

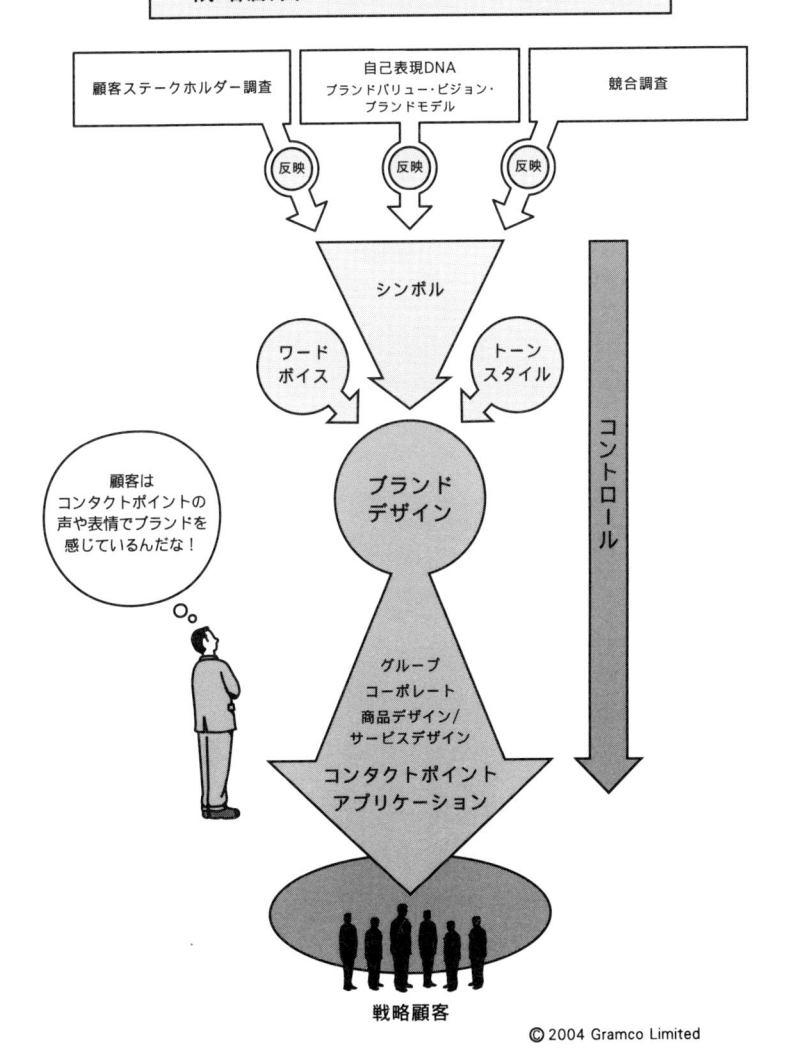

- 顧客ステークホルダー調査
- 自己表現DNA　ブランドバリュー・ビジョン・ブランドモデル
- 競合調査

→ 反映 / 反映 / 反映

シンボル

ワードボイス　／　トーンスタイル

ブランドデザイン

グループ
コーポレート
商品デザイン／サービスデザイン
コンタクトポイント
アプリケーション

コントロール

顧客はコンタクトポイントの声や表情でブランドを感じているんだな！

戦略顧客

© 2004 Gramco Limited

第 6 章
インターナルブランディングとは？
ブランドブックとは？

経営者の理解を得たブランド戦略

　ブランドとは何か、なぜいま、ブランド戦略やブランド経営が必要なのか、というところから入って、ブランドモデルの作り方や、ブランド体系（ブランド構造やブランドアーキテクチャー、ブランドストラクチャーなどとも呼ばれる）の考え方、ブランド体験という概念の重要性、そして、近年の「クリエイティブブランディングアプローチ」の加速についてなど、5章にわたってご紹介してきた。この第6章では、最近新聞や経済誌で目にする機会が増えた「インターナルブランディング」を中心に、お話しすることにしよう。

　その前に、現在までのわが国におけるブランド戦略の移り変わりを振り返っておきたいと思う。

　本書をここまでお読みいただいた皆さんは、ブランド戦略やその推進方法について、相当詳しくなられたはずである。

　また、この僅か1年の間に、ブランドと企業との関係も大きく進化した。ブランド経営とは何か、ブランド戦略がなぜ重要なのかを理解する経営トップ層が、中堅企業、B2B企業、ベンチャー企業も含めて、1年前と比較すると格段に増えた感がある。これはブランディング実務の最前線に身を置いていて、実感したことである。

ブランド戦略の変遷

　欧米とは趣を異にして、日本におけるブランド戦略は、金融業界から口火を切った。1990年代半ばから後半にかけて、他業界に先駆けて統合・合併期にいち早く突入したためであり、否応なく社名変更や新VI導入を実行せざるを得ない状況に置かれ、それがブランド戦略導入のきっかけとなったわけである。だからこの当時、金融各社は「ブランド／CI戦略」などという、それまでの概念からすると奇妙に（あるいは曖昧に）聞こえる言葉を使用していた。欧米流に考えると、今日CI（Corporate Identity）はVI（Visual Identity）と同義であるから、あながち誤った表現でもないのだが、ブランド戦略にはブランドVIの検討も含まれているのだから、あえてCIと付け加える必要はないのである。当時、恐らくこういう言葉を使用した人たちの間では、日本流の「企業理念開発」などを包含したCIと、ブランディングの混同があったものと思われる。

　しかし、その後間もなく、金融統合の大きな波が収束し始めた2000年代に入って、このブランディングへの流れは本格化する。内外でのグローバル化の流れや、わが国経済が低迷し続け企業経営が難局に直面するに至り、本質化し、加速し、拡大した。相次ぐ大型倒産なども、人々の消費意欲を減退させた。
　日本経済に重くたれ込めた暗雲は晴れる様子もなく、各企業では打開に向けての方策を必死に検討せざるを得なかった。

このころ、食品メーカーや自動車メーカーにおける不祥事や隠蔽工作が次々と明るみに出たり（最近も再燃しているが）、企業のリストラが進行するに至って、製品やサービスを提供する企業側と、消費者・生活者側との間に深い溝が生じてきた。

当初ブランドは、顧客と企業を結ぶ「絆」として注目され（当時よくブランド概念として、企業と消費者が握手するという図式が描かれたものだ）、その後ブランドはステークホルダーの脳裏や心の中につくられるもの、即ちブランドは消費者や生活者や投資家が決するもの、というふうに、日本におけるブランド論は微修正されていく。

経営環境の悪化、消費者信頼の失墜、国際的な競争力の減退など、企業がブランド論に耳を傾ける下地が、こうして徐々に固まっていった。日本経済新聞と日経産業新聞紙上に毎年掲載される「企業ブランド価値評価」は、このような環境下で経営者に大きなインパクトを与えた。

米国で1980年代に始まり、現在も続くコーポレートブランド経営は、すぐ欧州に拡がり90年代から導入が相次いだ（ユーロ統合という背景もあった）。そして米国から十数年遅れて、やっとわが国の企業経営層が真っ向から取り組む「経営課題」となったのだ。

多分野に拡がるブランディング

「当社はブランド戦略とは無関係」とコメントしていた、わが国を代表する某メーカーすら、今真摯な取り組みを始めている。Ｂ２Ｃの製

品を製造するメーカーだけでなく、冒頭に述べたように、Ｂ２Ｂメーカーにおいても同様の取り組みが始まっているし、モノという具体の目に見えるものがないサービス産業では、とりわけ熱心にブランド構築を目指すところが増加している。

　また一方で、ブランディングアプローチそのものの多様化も始まった。「会計学的アプローチ」「構造論的アプローチ」「マーケティングアプローチ」などに加えて、第5章でご紹介した「クリエイティブブランディングアプローチ」も、新しい潮流のひとつとして注目されつつある。

　環境対応や社会との共生を意識したCSR（Corporate Social Responsibility＝企業の社会的責任）と連動するブランディング、CS（Customer Satisfaction＝顧客満足）活動と連携したブランディング、インテグレーテドマーケティングコミュニケーションの一環としてのブランディングなど、その実行モデルの裾野も拡がっている。こうした傾向はブランドという概念の大きさを物語っているといえるだろう。

　ブランド構築サポートの関与者も、かつての日本型CIとは異なり、専業ブランディングファームを軸に会計学やマーケティング、社会学者、大手広告代理店の専門部署や専門子会社、戦略コンサルティングファーム、財務・会計コンサルティングファーム、大手デザイン会社やウェブ制作会社、企業内研修を担当する教育機関、知財コンサルタント、PR会社、レピュテーション（風評）管理コンサルタントにまで及んでいる。

　1990年代後半には数例しか見られなかった企業内のブランド管轄部署（ブランド推進室やブランドマネジメント室）も、現在では大手上

場企業の多くに設置されるようになった。

　米国で20年以上にわたって深化し追求され続けるブランド戦略は、今後わが国でも経営の根幹を成しながら、数々の事例を生んでいくことだろう。

インターナルブランディングとは何か

　最近私は、あるクライアント企業でセミナー講師を務めさせていただいた。同社では今、ブランドモデルTMに則りブランドビジョン、ブランドコアバリュー、パーソナリティ、戦略顧客などを規定して、いよいよ新しいスローガンやロゴとともに、社内に向けて発信を始めようとしている。そこで中間管理職を集めた社内セミナーを開催して、意識を高めようというわけである。題してブランドキックオフセミナー。行動変革のための勉強会である。彼らは企業の中核にあって、それぞれの事業や部門において、社員に対してブランド啓蒙活動を行っていく「エバンジェリスト」（伝道者）になる必要があるのだ。

　夕方から開始して、その勉強会は夜遅くまで熱心に続けられた。

　数多の調査を踏まえ、経営トップ層を含むコミッティなどで数多くの議論を戦わせながら創り上げられるブランドコンセプトも、それが実行に移されなければ「絵に描いた餅」であり、何の意味もない。「約束」手形を切ったのに、それが落ちなければ不渡りである。顧客の信頼や共感どころか、むしろ不信感を高めるだけである。

　他社との激しい競合状態の中で、競争力を強化できるのか。顧客の

感性やライフスタイルに基づく要請に応えられるのか。組織が活性化し前向きな駆動力が働き、社員がいきいきと働けるようになるのか。

社員も、顧客、取引先、株主・投資家に並ぶ、ステークホルダーの一角を成す。また彼らは、企業の立場からブランドを発信していくスポークスマンであり、ステークホルダーがブランドを実感するメディアともなる。

この社員たちを奮い立たせ、本気でブランド戦略の実行推進者になってもらうための啓蒙活動が、インターナルブランディングである。

日産のゴーン社長やヒューレットパッカードのフィオリーナ会長のように、社員を鼓舞し、魅了し、勇気づけ、「ブランドビジョン」を「アクション」に結びつけていくには、こうした社内啓発が欠かせないのだ。

ブランドコンタクトポイントとしての「人」

そもそもブランドとは、体験を経て、顧客やステークホルダーの頭の中に築き上げられるものである。好感できる2つ以上の体験をしたとき、人はそれらを頭の中に記憶としてインプットする。好き・嫌いの情動反応が起きて選択行動を起こす際には、過去の記憶が蘇る。そしてその記憶には、「体験した場の記憶」というインデックスが付いているといわれている。

顧客の体験接点は、本書の第3章で「ブランドリング™」として紹介させていただいた。顧客をぐるりと取り囲むように、さまざまなコンタクトポイントが用意され、それらが一繋がりになって複数の体験

を提供していく。これらの複数体験は、体験間で連想が働くように、同じトーンとベクトルをもって提供されるべきだ。そのブランドリングの中でも大切なのが、「人」というコンタクトポイントである。

人が与える印象が大事、といわれてピンとくるのは店舗を持つ業態だ。飲食、衣料、コンビニエンスストア、家電やパソコンショップ……。広告やウェブや看板も重要な顧客接点だが、特にこうした小売業では、店員の「振る舞い」がすべてのブランド印象を決定づけている。人の顧客対応が、知覚品質まで形成している。「いやな感じ」の応対を受けた店舗には、誰ももう二度と出掛けないものだ。

目に見えないサービスを提供する企業も同様である。宅配便のような運輸業は、直接オフィスや家庭にモノを届けるサービス業だが、受

ブランドリング™

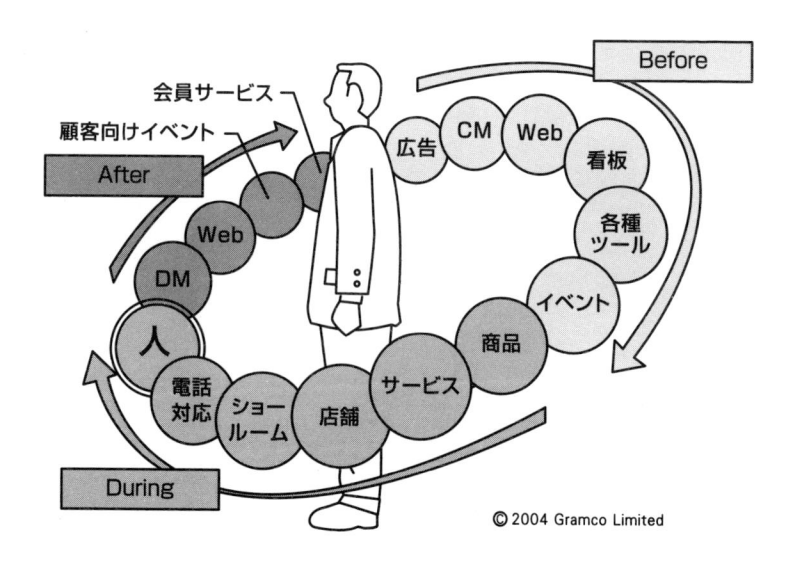

© 2004 Gramco Limited

け渡し時の顧客との接点でどういう対応ができているか、どういう印象を残しているかが肝心だ。これは、保険会社や銀行でも同じことがいえる。

具体の製品を提供するメーカーとて、ブランド体験のコンタクトポイントは人である。

ある機関の調査によると、大手自動車メーカーX、Yの2社を比較したとき、製品力(つまり車そのもの)や広告における顧客評価は、ほぼ同じであった。それにもかかわらず、ブランドとしての評価の総合得点では、X社がY社をはるかに凌いでいる。顧客のコンタクトポイントで、どの部分の評価が違うのか仔細にチェックしてみると、それは販売ディーラーにおける接客やアフターサービスなど、販売店の「人」が接するところでのY社の評価が、X社を大きく下回っていたのである。店員やサービスマンの振る舞いやケアの違いが、ブランドの総合評価の明暗を分けたということなのだ。

人への信頼がブランドの信頼

マンションや住宅のモデルルームもそうだ。住む側の気持ちを理解した上で案内してくれているのか、強引に決心させようとしているのか、それはすぐに顧客ターゲットに見透かされるはずである。B2B企業にせよ「商談」「セールス」を社員や販売員が行っている企業であれば顧客の評価はまず人である。「◎◎さんが言うのだから間違いない」「△△さんに頼めば納期は何とかしてくれる」等々、結局人の信頼が企業の信頼となる。「さすがにあの会社の人らしい振る舞いだ」とい

う評価はどんどん拡がってレピュテーションを形成するに至る。つまり、「人がブランドを体現する」、極言すれば「人＝ブランド」ということになる（フェデックスでは、『あなたがブランドなんですよ』と社内教育をしているようである）。

　さて、顧客の最大のブランド接点が人である、というお話がおわかりいただけたところで、インターナルブランディングでどういうことをやれば効果が上がるのか、押さえておこう。
　インターナルブランディングにはいろいろな取り組みがある。企業が100あれば、異なる100の企業文化がある。これは本当のことだ。実際に多くの企業でブランド構築をサポートさせていただいて、痛感したことである。同じカルチャーの企業などひとつもない。だから、それぞれのカルチャーにぴったり来る方法を採らなければならないのだ。

自分がお客様なら、してほしいことは何か

　たとえば、第5章でご紹介した飲食業のプロントでは、お客様サービス向上のためのCSマニュアルをつくっている。ただしこれは、一般的に言われているようなマニュアルではない。かつて同社には、難解な「教科書」のような接客マニュアルがあったというが、これをあえて一切廃止して、3,000人いるキャスト（店員）の生の声を集めるという方法を採用した。それが『プロント・サービス事例集』である。厚さ5センチもあるこのバインダーには、「顔見知りのお客様が店に向かって歩いてこられたので、ドアを開けてお待ちした」→「やあ、

出迎えてくれたの？　嬉しいねぇ、と喜ばれた」、「ご年輩の方がフォークとナイフを使いにくそうにされていた」→「すぐにお箸をお出ししたらとても喜んでいただけた」などと、お客様に好感を持たれた「振る舞い」の数々を列挙している。そしてその実例を記した欄の横には、実例を報告してきた店員の名前と店名が添え書きされている。この差込式のバインダーには、年々好事例が追加されていくことになるだろう。

　手取り足取り「こうしなさい」「ああしなさい」とは一言も書かれていないのである。3,000名のキャスト自身が、全員の先生であり生徒なのだ。お客様が嫌がるようなことはしない、というのはもちろんのこと、「自分がこんなもてなしを受けたら嬉しいだろうなぁ」と思うことをして差し上げなさい、と理解させるのがこの実例集の狙いであり、時々の判断はマニュアルに規定せず、それぞれのキャストに委ねようという、個を信頼した上で一定の自由度を与える「個性の尊重」なのである。

　これは、現在のプロントの企業文化にぴったりの方法だが、どこの企業でも通用するとは限らない。しかし、一人ひとりのキャストが（アルバイトの人たちも含めて）信頼されて任されているのだから、プロントブランドを自分自身の手で輝かせていこう、と前向きにさせるのに大いに役立っている。

　ちなみに同社では、ストアブランディングとして、ブランドを強化するさまざまな施策を店舗レベルで繰り広げている。また、モチベーションを向上させるために、年に一度キャストの表彰を行っている。

先ごろ、プロントのブランドスローガンを社内公募して、一等賞に選ばれたキャストに、カップルでのイタリア旅行をプレゼントしたそうである。受賞者は社員ではなく、あるお店で働くアルバイトの学生だったという。3,000人の力が高まり、やる気が出るとてもいい話ではないか。

企業変革をブランディングで追求

『ブランドチャレンジ』（中央公論新社刊）に詳しく書かせていただいた事例の中から、ここでいくつかご紹介しておこう。

カルロス・ゴーン氏をリーダーに仰ぐ日産自動車では、単に財務体質強化のためにリストラを進めただけではない。同時にブランド力の強化に動いてきたからこそ、今日の復活があったのだ。

ゴーン氏就任後間もなく、9つの暫定的な社内横断チームをつくり（クロスファンクショナルチーム）、そのうちのひとつが日産のブランド力強化について検討した。その結果NISSANブランドピラミッドと呼ばれるBI（ブランドアイデンティティ）の基盤ができた。

このBIは、「私たちはこうなる」「こうしたい」という段階のものといえる。これを如何にして社内で共有するか、実行させるかが肝要だ。

そこで日産では、BIを「ブランドブック」（後述）に纏め上げ、社内に配布したり、イントラネットで全社に発信したり、社内啓蒙セミナーなどを行うことにした。

組織も、地域別、機能別、車種別（商品別）に責任者を設けて、各々の立場から議論し問題解決をしていくという、あえてフリクションが

生じるような「三軸経営」に取り組み、インターナルな議論の機会を増やしていった。

また同社でも、最も重要な顧客接点は「人」であると感じて、その最前線にいるディーラー店舗や店員の振る舞いについても抜本的な変革に着手しているという（以上『ブランドチャレンジ』から趣旨を抜粋）。

15秒の態度がブランドを決める

1981年に、弱冠39歳の若さでスカンジナビア航空（SAS）の社長に就任し経営難に直面していた同社を軌道に乗せたことで知られる辣腕経営者、ヤン・カールソン氏の「MOMENTS OF TRUTH」（邦題『真実の瞬間』ダイヤモンド社刊）は、日本語版が1990年に発刊され、その後今日まで40版近くを重ねる名著である。その中に次のようにある。

「航空機、メンテナンス施設、営業所、業務システムなどの集積がスカンジナビア航空そのものではなく、顧客にとっては、スカンジナビア航空の従業員が自分たちにどう接したかと考えるはずだ」

このように記して、すでに「サービス品質」の重要性について説いている。

1,000万人の旅客がほぼ5人の従業員に接しており、1回の応接時間は平均15秒であること。その15秒という瞬く間に、「顧客の脳裏にスカンジナビア航空の印象が刻みつけられたことになる」からこそ、「この15秒の『真実の瞬間』に、SASが最良の選択だったと顧客に納得させなければならない」というのだ。

「マニュアルに頼らず、会社を代表する社員たち、航空券係、客室乗務員、荷物係といった最前線の従業員が、自律的に対応せねばならない」のである。

ブランドは顧客の脳裏にできるものである。記憶の中に蓄積される、プラスになる良い体験、良い印象の総体がブランドである。その体験や印象をつくるのは社員であり、その社員の対応力である。この印象がたったの15秒でつくられるというのも恐ろしい話だが、真実なのだ。

当時大競争時代に突入し、並みいる大手航空会社に対抗しなければならなかったSASの社員たちに、これらのことを記した『Let's get in there and fight！』(そこに乗り込もう、そして戦おう！)というタイトルの小冊子、通称「リトルレッドブック」を配布して、呼びかけている。これは後述する「ブランドブック」の元祖といえるだろう。

現在スカンジナビア航空には、もうこのリトルレッドブックは存在しない。ただSASの社員の話を聞いてみたところ、すでに「真実の瞬間」の精神は、企業風土として同社にしっかりと根付いているとのことだった。

ちなみに現在のSASのブランドエッセンスは「スカンジナビアンエレガンス」であり、「シンプル」「フレンドリー」「インフォーマル」なホスピタリティと、過不足ない納得のいく価格とサービスを提供する航空会社であると自己規定している。

インターナルな施策の数々

　リッツカールトンホテルには、有名なクレド（信条）がある。それはこんな内容だ。

　「We are Ladies and Gentlemen Serving Ladies and Gentlemen
暖かい心からのご挨拶。お客様をお名前でお呼びする。
お客様のニーズを先読みしお応えする。さようならのご挨拶は心をこめて、お客様のお名前を添えて。」

　あるいは米国のレクサスには、「レクサス憲章」なるものがある。各ディーラーが、その憲章を守るべく誓いを立てるというかたちになっている。ブランド構築の本質は、企業が顧客やステークホルダーに「約束」をして、それを「実行」していくことにある。企業組織が約束しているのだから、当然その組織成員も、ともに「約束」しなくてはならない。

　さて、先に紹介した中間管理職向けのブランド勉強会も、インターナルブランディングプログラムの一環である。ことブランド戦略に関しては、あまり「教育」というような言葉を使わないほうがいい。教育という語の持つ響きには一方通行の印象があるし、何か高圧的なイメージも感じられる。社員に対してのブランド啓蒙は共感型がよい（そもそも社員はステークホルダーの一角を成すブランドターゲットである）。モチベーションを高めるために、ディズニーランドのように「ゲストサービス熱狂カード」（ゲストサービスに熱狂した、即ち一生懸命努力したキャストを認定するもので、一種の表彰システム）で

インターナルブランディングにおけるブランドリング

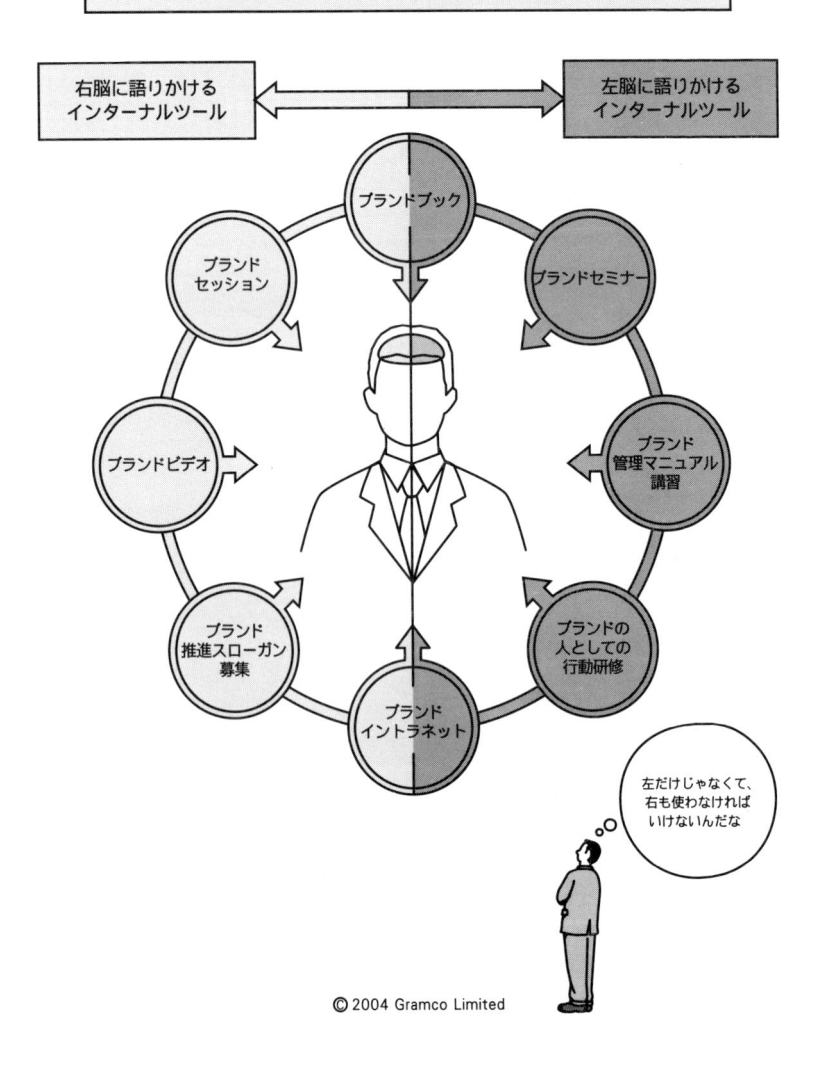

右脳に語りかける
インターナルツール ⇔ 左脳に語りかける
インターナルツール

- ブランドブック
- ブランドセミナー
- ブランドセッション
- ブランド管理マニュアル講習
- ブランドビデオ
- ブランドの人としての行動研修
- ブランド推進スローガン募集
- ブランドイントラネット

左だけじゃなくて、右も使わなければいけないんだな

© 2004 Gramco Limited

盛り上げるなど、報奨制度（ただし多額の賞金が動くというのは物欲を刺激しているようであまりよろしくない）を取り入れる手もあるだろう。

　以下は、今日ブランドビジョンやブランドコアバリューを全社で共有するために社内で行っている施策例である。
　特に、左脳に語りかけるタイプのものと、右脳を刺激するタイプのものに分けてみた。なぜなら、ブランドコアバリューに「機能的価値（ファンクショナルバリュー）」と「情緒的価値（エモーショナルバリュー）」の２つがあり、両側面から価値を訴えかけるように、社員に対しても両面でブランド理解を図ることがより効果を上げるのである。
　左脳で「理論的」にブランドの何たるかを理解し、右脳で「感覚的」に自社のブランドが顧客やステークホルダーに提供する価値を感じ取ってもらうという仕掛けだ。右脳と左脳の間で、キャッチボールをやってもらうのだ。
　特に後者では、自らが考え、自らが頭や手を使って『やってみる』とか『創ってみる』ということが大切なのである。

◎左脳に語りかけるインターナルツールや場
　・ブランドセミナー
　・ブランドの人としての行動研修
　・ブランド論文募集
　・ブランド管理マニュアル講習……
◎右脳に語りかけるインターナルツールや場

・ブランドセッション
　　・ブランドビデオ
　　・ブランド推進スローガンの募集
　　・社内報の活用（例：ブランドコラムシリーズなど）……
◎両方の脳に語りかけるツールや場
　　・ブランドブック
　　・ブランドイントラネット……

ブランドブックとは何か

　三つ目の括りの中で、「両方の脳に語りかけるツールや場」とあるのは、これらのツールが両方の脳を刺激するような内容で構成されるからだ。
　ブランドブックは、BIやブランドコンセプトを社員に紹介するためのブランドガイドである。ブランドバリュー（あるいはブランドエッセンス）、ブランドビジョン、パーソナリティ、戦略顧客、ポジショニングなどをわかりやすく説明したものである。説明文がびっしりと書かれた教科書スタイルのものもあるけれど、感性に訴えかけるような、多くのビジュアルで構成されたものも近年増えつつある。
　戦略顧客とはこういう人たちであり、こんな生活シーンを持つ人々、というふうにフォトコラージュなどで具体的に示しているブランドブックもあるし、楽しいイラスト解説入りのものもある（そういえば、SASのリトルレッドブックにも、ウィットに富んだイラストが散りばめられていた）。いわばブランドのバイブルともいえる大切なものだ

から、超豪華な装丁のもの、凝ったデザインを施したものも多い。このブランドブックは、基本的に社員全員に配布される。海外に展開している企業ならば、英語版や中国語版を作成することもある。

　日頃の業務の中で自分たちのブランドが目指すところがわからなくなったら、原点に立ち返り、このブランドブックを読み返してみるのだ。社内で製品開発に関する議論をしているとき、新製品プランが自分たちの戦略顧客に歓迎されるものか、自分たちのパーソナリティに馴染むものかどうかなど、このブックを今一度よく読んで判断するということになる。

　たとえばオリンパスの場合、そのブランドエッセンスは「夢を創り、実現する力」と定められている。そして、自分たち自身のコアコンピタンス、あるいは価値創造の基盤を、「オプトデジタルテクノロジー」と定義している。この技術の強みを活かして、お客様の夢を創り、実現していこうと宣言しているのだ。デジカメで世界四強となった映像システムカンパニー、消化器内視鏡で圧倒的なシェアを持つ医療システムカンパニーなど、同社には4つのカンパニーと、R&Dなどの機能を持つ2つのセンターがある。これらのカンパニーやセンターはもちろん、海外を含むグループの全社員が、ブランドにかかわる規定を理解し共有しなくてはならない。

そのために同社では、ブランドエッセンス、コアコンピタンスをはじめ、パーソナリティやDNAなどのブランド規定を明記したブランドブックを全世界のグループ社員に配布している。さらにこの冊子をテキストとして、インナー向けに各地でブランドセミナーを展開している。

　若者向けのDJ機器（DJミキサーやターンテーブルなど）のメーカーとして、世界に熱狂的なファンを持つ「ベスタクス」も、彼らのブランドの要諦をまとめた携帯用ブランドブックを発行している。50数ページに及ぶ冊子には、ブランドの基本概念に始まり、ベスタクスコ

ンセプト、ベスタクスが守るべきもの・壊すべきもの、ベスタクスが顧客に約束する価値、戦略ターゲットなどが纏められている。さらに同社の歴史、組織としての在り方、シンボルマークの使い方、営業マンの心得まで記されている。

本来社員だけが持つべき内容のこの冊子を、同社はあるイベントの席上で取引先や販売店関係者にまで配布して、自らが新しい音楽文化の創造者であること（古い文化の破壊者であること）を強烈に印象付けたのだった。

ブランドブックには社内だけで使用するものと、このように外部に

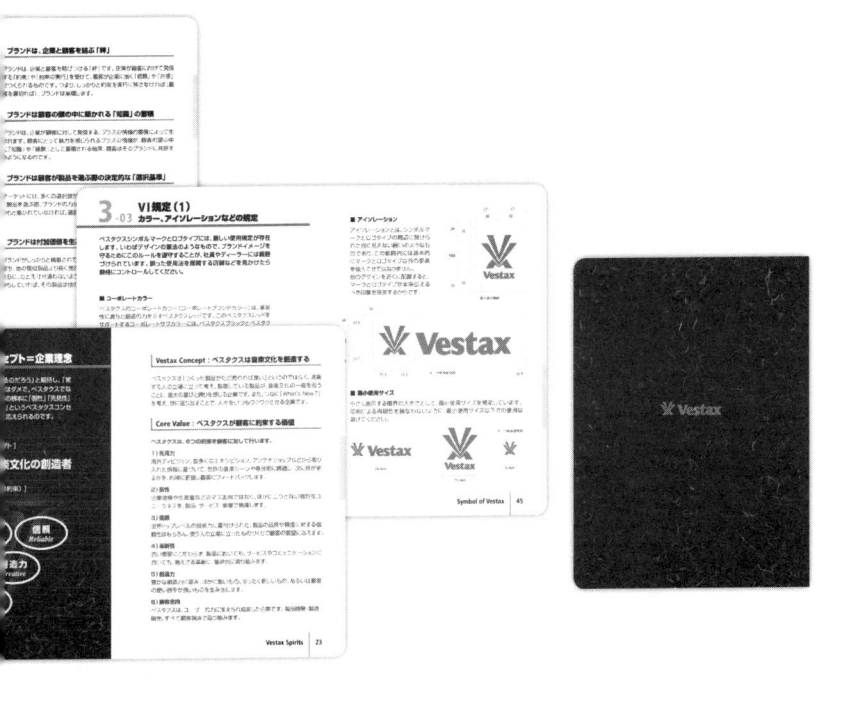

ブランドブックの傾向分類

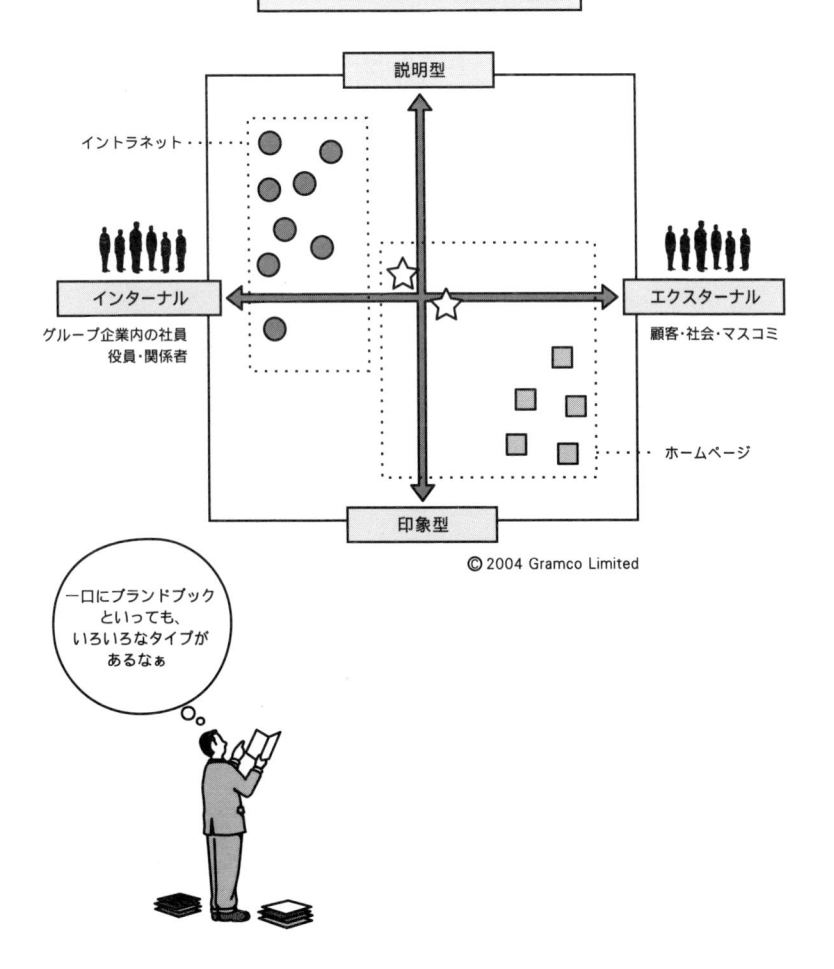

- 説明型
- インターナル（グループ企業内の社員・役員・関係者）
- エクスターナル（顧客・社会・マスコミ）
- 印象型
- イントラネット
- ホームページ

© 2004 Gramco Limited

一口にブランドブックといっても、いろいろなタイプがあるなぁ

も出ていくものがある。ベスタクスのブランドブックは本来インナー向けに作成されたものだったが、それをあえて外部に公開した。

一方、顧客にブランドとしての哲学や信条を伝え、顧客にさらにコアなファンになってもらおうという、絆づくりのためのアウター向けブランドブックというのもある。このような外部に発信されるブランドブックを持つ企業には、時計やファッション、鞄などのメーカーが多い。

ただ、近年各企業が力を入れ始めているCSR（前述）の流れの中で、「サスティナビリティレポート」（持続可能性に関する報告書。一般的に社会・環境レポートと呼ばれるもの）を、社会の共感を獲得するためのエクスターナルブランドブックとして整えていく動きもある。

内向き・外向き、説明型・印象型の２軸で、グラムコが作成をサポートしたり、取材で見せていただいた各社のブランドブックをプロットしたのが、「ブランドブックの傾向分類」の図である。

これらのブックを補強するために、社内イントラネット上で暫時社員からの質問に答えている企業がある。また、「外から中を変革する」との観点から、対外的なホームページを活用して、インナーへのプレッシャーを与えているケースもある。外から中を変えていくことを「アウト・サイド・イン・メソッド」と呼び、得られる効果をミラー効果と呼んだりもする。

キーワードは「ブランドチャレンジ」！

　本章の終わりに、「ブランドチャレンジ」というキーワードを提示させていただくことにする。ブランド戦略にひとたび取り組むと決意した以上、当該企業は全社一丸となって「本気」で取り組まねばならない。
　隣近所がやっているからウチも、というノリではブランド構築はままならない。事実ブランドとして輝いている企業では、日々たゆまぬブランド構築・維持の努力が続けられている。ブランディングには終わりがないのだ。

　以下は、米国・サンフランシスコにある「ストーン・ヤマシタ・パートナーズ」が著した、『激動的な変革』(SEISMIC CHANGE) と題する冊子からの一節である。彼らは、IBMやヒューレットパッカードの大変革を成功に導いたことで勇名をはせる、実力派のブランドコンサルティングファームだ。

Vision → Action　ビジョンをアクションに
Aspiration → Result　熱望を結果に
Culture → Success　文化を成功に
Chaos → Innovation　混乱を革新に
Individuals → Teams　個々人をチームに
Job → Mission　仕事を使命に

ビジョンはあなたにとって最も継続可能な強みとなる。
あなた自身を、ビジョンを伝達できる人にしよう。
そして360度に拡がる体験を創造しよう。
DNA（遺伝子）によって急進的なアイデアを生むカルチャーを打ち立てよう。

　もし、本書をお読みいただいたあなたがブランド構築の推進役ならば、ぜひ高邁なビジョンを掲げて、揺るぎない信念でゴールを目指していただきたい。そうすれば、きっと道程はそう遠くないと感じることだろう。
　ご健闘を祈ります。

第7章
実践。ブランディング道場

架空のプロジェクトを立ち上げてみよう

　第1章から第6章まで、ブランドをいかに構築するか、基本的なことはひととおり紹介した。でも、実際のブランディングプロジェクトはどのように進められるのか、まだ実感できない方も多いことだろう。

　ブランド戦略は、その企業にとって経営の根幹にかかわることだから、プロジェクト経緯や実作業がどう進められたかについては、あまり公表したがらないものだ。プロジェクトをサポートする私たちグラムコも、クライアント企業と守秘義務契約を交わした上で、外部には開示されないデータや資料に触れたり、ときには深刻な経営課題を知ることになるのであり、それをこうした公の場でオープンにすることはできない。

　そこで本書では、仮想プロジェクトを創り上げて、ブランド構築の現場における雰囲気とともに、具体的な手法や進め方を酌み取ってもらうことにしたい。

　グラムコが関与したブランディングプロジェクトケースのどれかひとつを具体的に指し示すものではないが、複数事例を混合し、あり得る話として生成したものとご理解いただきたい。

　ただしご認識いただきたいのは、100の企業があれば100の企業文化があるのであって、それによってプロジェクトの進め方も展開も変化する、ということである。

ブランド構築プロセス全体像

　自社のCB（コーポレートブランド）を創造していく上で、一般的な作業フローがある。これは、どの工程が欠けてもうまくいかない。それぞれの工程間で軽重があってもよいが全部押さえておく必要がある。
　そのフローとプロセスは次ページの図に纏めたとおりだが、仮想プロジェクトをご紹介する前に、各工程の実施内容を説明しておくことにしよう。
　大きく分けて、工程は次の６つに分かれる。

Phase-1：プレリサーチ

Phase-2：ブランドコンセプション

Phase-3：ブランドの記述

Phase-4：ブランドの可視化

Phase-5：ブランドの体験設計・管理

Phase-6：ブランドアセスメント

　それぞれのフェーズ（作業のひとつの区切り）でどんなことをやればよいのか、個別に詳述しよう。

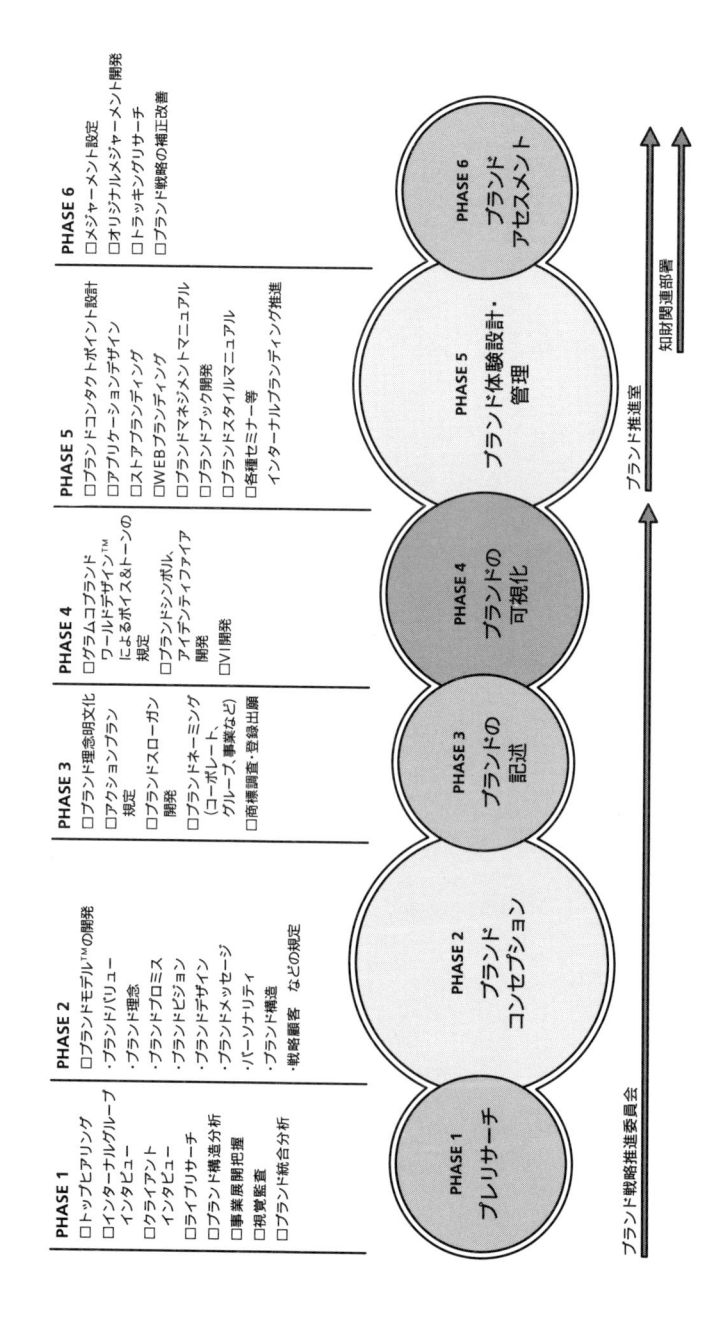

PHASE 1
☐トップヒアリング
☐インターナルグループインタビュー
☐クライアントインタビュー
☐ライブリサーチ
☐ブランド構造分析
☐事業展開把握
☐視覚監査
☐ブランド統合分析

PHASE 2
☐ブランドモデル™の開発
・ブランドバリュー
・ブランド理念
・ブランドプロミス
・ブランドビジョン
・ブランドデザイン
・ブランドメッセージ
・パーソナリティ
・ブランド構造
・戦略顧客 などの規定

PHASE 3
☐ブランド理念明文化
☐アクションプラン規定
☐ブランドスローガン開発
☐ブランドネーミング（コーポレート、グループ、事業など）
☐商標調査・登録出願

PHASE 4
☐グラムコブランドワールドデザイン™によるボイス&トーンの規定
☐ブランドシンボル、アイデンティファイア開発
☐VI開発

PHASE 5
☐ブランドコンタクトポイント設計
☐アプリケーションデザイン
☐ストアブランディング
☐WEBブランディング
☐ブランドマネジメントマニュアル
☐ブランドブック開発
☐ブランドスタイルマニュアル
☐各種セミナー等
インターナルブランディング推進

PHASE 6
☐メジャーメント設定
☐オリジナルメジャーメント開発
☐トラッキングリサーチ
☐ブランド戦略の補正改善

- PHASE 1 プレリサーチ
- PHASE 2 ブランドコンセプション
- PHASE 3 ブランドの記述
- PHASE 4 ブランドの可視化
- PHASE 5 ブランド体験設計・管理
- PHASE 6 ブランドアセスメント

ブランド戦略推進委員会

ブランド推進室

知財関連部署

ブランド構築プロセスの詳細

Phase-1：プレリサーチ
- 各種環境調査（競合・市場・顧客調査）
- 社内ヒアリング（経営トップ層、部課長クラスの人たち、現場でまさに汗をかいている人たちまで）
- 社外ヒアリング（取引先企業の幹部や窓口になっている方々、B2C企業ならお客様、つまり消費者、ユーザーの方々まで。時には株主やアナリストヒアリングも行う）
- ブランドストラクチャー把握（ブランドの階層構造や分類の現状を調べる）
- コンタクトポイント監査（顧客をはじめとするステークホルダーに接するところで、ブランドの姿がどのように見え、声がどのように聞こえているのか、それらがどのような場の中で展開されているのかを把握する）
- ブランド統合分析（上記すべての調査結果を取り纏め、ブランド課題を見出す）

Phase-2：ブランドコンセプション
- ブランドモデルの開発（プレリサーチ結果をリファーしながら、ブランド基盤として、ブランド構成要素ごとに纏めていく作業。ブランドバリュー＝機能的値と情緒的価値、ブランドビジョン・ブランド理念、パーソナリティ、戦略顧客など、グラムコブランドモデ

ルのようなブランドプラットフォームに基づいて検討していく、ブランドとしてのアイデンティティ＝BI規定）
■　ブランドストラクチャー再規定（CBと事業以下の各ブランドとの関係を規定し直したり、枝分かれしすぎたブランドの剪定・整理を行う）
■　リポジショニング規定（競合他社との関係を見直しながら、顧客をはじめとするステークホルダーとの間に、良好な関係を築くことのできる新しい立ち位置を求める。ときには事業の統廃合などの見直しを行うこともある）

Phase-3：ブランドの記述

■　ブランドビジョン・ブランド理念、ブランドバリュー、パーソナリティ、戦略顧客の明文化（先のブランドモデルの明文化作業。わかりやすい文章にすることで、インターナルに自社のCBの在り方を共有するためのもの。ステークホルダーに公表することもある）
■　ブランドメッセージ開発（顧客をはじめとするステークホルダーに向けて発する、ブランドスローガンやブランドステートメントの開発。バリュー訴求型やビジョン提示型などがある）
■　ブランドネーム開発（必要に応じて、ブランド価値を体現し得る新たなCBネーミングを実施する場合もある）
※ネーミング作業においては、その名称が称呼商標を取得できるか否かを、専門家（弁理士）に依頼して調査しなくてはならない。登録可能性が高いことを確認して、特許庁に商標登録出願を行う。また、グローバルに展開するブランドでは、海外で誤解を招くような意味

に 捉えられないかどうか、ネイティブチェックをかける必要がある。第4章で触れたとおり、社名変更を伴う場合には、地域の管轄法務局に商号登記が必要となる。

Phase-4：ブランドの可視化
■　基本デザイン開発
・デザインクライテリア開発（ブランド価値を可視化するためのデザイン開発基準の策定）
・基本デザイン要素開発（VI＝Visual Identityの基本要素、すなわちブランドシンボルやロゴを考案する）
・基本デザインシステム開発（ブランドシンボルとブランドネームを表記したロゴタイプの組み合わせ方法やCBカラー規定を行う）

※可視化作業においても、図形としての商標獲得が必要となる。弁理士に依頼して図形商標登録可能性調査を実施して、登録可能性が高ければ特許庁に出願申請を行い、権利確保をする。

Phase-5：ブランドの体験設計・管理
■　アプリケーションデザイン開発（コーポレートアイテム、広告やパンフレットなどコミュニケーションツールへのブランドシンボルやデザインシステムの展開規定。フォーマット開発なども行う。ブランドストラクチャーに準じた展開システムも開発する）
■　ガイドライン策定
・VIマニュアル開発（VIの使用規定書。基本デザイン要素、基本デザインシステム、展開デザインシステムなどにより構成。事業ド

メインが広範に拡がる企業では、事業ごとの規定書を作成することもあり、膨大な量の作業となる）
- コミュニケーションガイドライン策定（コンタクトポイントをひと繋がりのブランドリングとして統合的に表現するための、スタイルガイド。メッセージとパーソナリティをもとにボイスやトーンを規定することで、当該CB特有の世界観を創出する。近年、その重要性から関心を集めている領域であり、これを策定する企業が増えている。まさにクリエイティブブランディングアプローチの集大成）

■ コミュニケーション展開
- 社内浸透施策（ブランドブック等インターナルブランディングツールの制作、ブランドセミナー等のインターナルブランディング活動の展開。イントラネット内のブランドページ等の整備も大切）
- 社外発信施策（URL上のウェブブランディング、ショールームや店舗などのブランド体験の場におけるスペースブランディング、各種コミュニケーション関連開発など）

Phase-6：ブランドアセスメント

■ 既存メジャーメントモデルの活用（伊藤日経モデルや日経企業イメージ調査、日経BP調査、電通BRANDEX調査など既存のサービスを利用）

■ オリジナルメジャーメントの開発（それぞれの企業の業態に則した物差しを考案する。自社で定期的なリサーチを実施。ユーザーの

参加離脱理由調査、店頭値下げ率調査、中古市場における価格下落調査、顧客のブランドコンタクトポイント認識調査など）
■ 定期的なリサーチの実施（上記リサーチを年一度か二度実施し、連続的にフォローする）
■ ブランド戦略の補正・改善（リサーチ結果から変化を読みとり、必要に応じてブランド戦略の部分的な補正、改善を行っていく）

ブランド戦略に着手する段階では、経営企画や広報などの部門が窓口となって、社内に委員会を設置して推進すればよいが、Phase-3、4の商標調査からは、社内の法務部門、知財関連部門の参画を仰ぐ必要があるし、Phase-6以降は長期的なフォローアップのために、ブランド管理部署を設置するのが望ましい。

以下は、仮想プロジェクト事例であり、仮想プロジェクト事例中登場する企業、ブランド、個人の名前は、すべて架空のものである。

仮想プロジェクト1　　　　　　　　　　CASE-1
ある老舗企業のブランドリバイタルプロジェクト

> 明治時代に創業し、100年以上の歴史を誇る老舗企業、「日枝田本舗」の四代目、日枝田一郎は悩んでいた。中元や歳暮など贈答用としての需要が近年激減して、百貨店などに出店している店舗が軒並み不振なのだ。高額品の購入を継続してくれるヘビーユーザーも高齢化が目立ち、このまま行けば顧客とともに暖簾も年老いていくに違いない。

本店の店舗は都心の一等地にあり、立地環境は抜群なのに顧客の入りが鈍っている。これまで暖簾に傷をつけてはいけないとの思いが先に立って、常に一郎は守りの姿勢を貫いてきたのだが、消費構造が変化し贈答市場の好転が期待できない今、もはや攻めに転じなくては生き残れない。

　そこで彼は知り合いのブランドコンサルティング会社に相談し、リサーチを実施することにした。一体自社ブランドの価値は何なのか、そして何が足りないのか。

　顧客グループインタビューを行い、取引先ヒアリングを実施。店頭やウェブ上でもアンケートを行った。競合他社がどんな戦略を展開しているのか、一般的な消費動向がどうなっているのかも調査した。

　すると、次のような課題が導き出された。

・同社は老若男女を問わず、老舗ブランドとして十分な認知を得るだけでなく、高い好意度と高品質感を持たれている
・ただ若年層には好感されてはいるものの、付き合いづらい、敷居が高い、自分とは縁が薄い、と思われている。それに商品を試したくても、彼らには高価で手が出ない
・老舗＝信頼感、品質感に結びつくものの、古めかしい、時代遅れである、と理解されている
・高齢層でも自家需要は少なく、多くが贈答品として購入されている
・店員の対応が（誇りが高いせいか）少しつっけんどんで、このことも店の敷居を高くしている

つまり、まだ若年層に見放されていたわけではない。老舗として良いものをつくっているという事実は十分認められており、敬愛されてもいるのである。ただ彼らの感性やライフスタイルにぴったりくる商品や雰囲気が提供できておらず、だから近寄りがたい、自分のものではない、そう思われていることが判明したのだ。では、こちらから彼らに近づけばよいではないか。一郎はそう考えて、老舗ブランドとしての立ち位置（ポジション）を思い切って変えてみようと決意した。

　その前にまず、一体何が顧客に提供できる価値なのか、どういう気持ちがこうした価値を提供さしめてきたのか（ブランド理念）、自社のDNAともいえるものを考え直してみることにした。その上でこれらを生かしながら、どう立ち位置を転換するかである。ここは独断専行ではなく、議論が必要だ。そこで社内に、幹部だけでなく、若手社員も巻き込んだブランド推進委員会を設置し、自らが委員長として陣頭指揮を執ることにした。企業を根底から変えていくような大プロジェクトに関われるとあって、若手社員も燃えて議論に参加した。

　自社商品には、100年の歴史の中で培われた独特のテイストがあり、品質にも絶対の自信を持っている。この暖簾への誇りと品質への自信は、紛れもなく提供価値に直結するものである。しかし、日枝田ブランドの最大の問題点は、頑なに伝統を継承してきたものの、時代に合わせて変化することを怠ってきたことだった。

　品質を落とすことなく、もう少し手軽に購入できる価格帯で、今日の時代の気分に合わせた商品が提供できるはずである。パッ

ケージや店舗のデザインでも、老舗感やユニバーサルを意識しつつも、新たなチャレンジができるはずである。また店舗では、贈答シーズン以外でも顧客に来店してもらえるきっかけがつくれるはずである。

　100年もの間、なぜこの商売を営んできたかといえば、単に業を成して儲けるというだけではなく、お客様に「職人の技」による「本物」の「素晴らしさ」を実感してほしかったからだ、ということにも気付かされた。でも、そんな思いは顧客に伝わっていただろうか。販売員や社員は、心底からそう思って顧客に接してきただろうか。答えは否だ。では、どうやって顧客にその気持ちを伝え、理解してもらえばよいのだろう。

　週一度開催してきた委員会の中で、日枝田は老舗の新しいブランド基盤を、以下のように取りまとめた。

- ブランドバリュー：匠の技と信念による最高品質の提供、それを手に入れることによる誇りと満足感の提供
- ブランドビジョン：常に時代に合わせて変化、革新を遂げながら、伝統に裏付けられた本物を、一人でも多くのお客様に提供し続ける、日本ならではのブランドになること

　守るべき伝統は守る、という方針は貫きながらも、時代に合わせて変化する、という前向きな姿勢を打ち出したのである。

　ブランドを規定するだけでなく、実践することこそが大事だ。このバリューとビジョンのもとに、社員、販売員一人ひとりが、お客様に語りかけるようにしよう、ということになり、「日枝田が

語り継ぎたいこと、変えていきたいこと」という冊子を纏めた。内部用の教則本だが、外のお客様が見ても楽しめる内容である。その中で一郎は100年の歴史を振り返る一方、これからの100年における日枝田のあるべき姿も提示した。インターナルブランディングを始動させ、社員教育の在り方も考え直した。人がブランドを伝えるメディアになる、社員そのものがブランドだ、ということを徹底的に理解してもらおうということだ。顧客に語りかける口調から、笑顔の出し方まで訓練した。対応に苦慮している店員がいたら、すっと他の店員がサポートするようにした。事務方も、電話に出たときの応対を変えた。

　一方、新しい日枝田像を具体のモノとして提示するために、旧来の伝統型商品ラインとは別に、若年層向けのブランド「Hieda Style」を導入するとともに、若者が集まる街、原宿に、30坪ほどのモダンな実験店舗「House of Hieda」を出店した。そのために、新しいブランドシンボルやカラーも制定した。実験店がうまくいけば、本店にもそのイメージを反映させようとの目算がある。だから新ブランドや店舗といえども、必ず日枝田を名乗るワンブランド戦略である。新ブランドの商品企画と新店舗の構想には、若手社員からメンバーを募り、ブランド推進委員会とは別に、そのためのタスクフォースを立ち上げた。

　これまで広告宣伝費としては多くを投入してこなかったので、新聞や雑誌に徹底的にプレスリリースを送り付けた。そうこうするうちに、マスコミに「老舗のイノベーション」として採り上げられるようになり、一郎も広報マンとして積極的に取材に応じた。

若者向け、女性向け雑誌にも頻繁に紹介されるようになってきた。

やがて永年取引してきた百貨店から新ブランドでの出店を要請され、また、話題の都市開発プロジェクトから白羽の矢が立ち、そちらにも出店することが決まった。

新しい表情の新ブランドが稼働を始め、新店舗用ウェブも立ち上がってアクセスも増加している。

ただし、ここで忘れてはならないのがこれまでのごひいき筋である。彼らに失礼のないようにと、改めて顧客リストを整備し、DMなどのリアルな媒体を介してコンタクトを深めるよう工夫した。また、季節ごとの特典や謝恩セールの招待が受けられる会員組織もつくり、ごひいき筋の引き留めにも手を尽くしている。

仮想プロジェクト2　　　　　　　　　　CASE-2
あるB2B企業のブランド力強化プロジェクト

設立20年目を迎える特殊機械専業メーカー、葛飾産業は、独自技術で目覚ましい成長を遂げていた。ニッチな市場とはいえ、同分野では性能と精度とコストパフォーマンスで群を抜いており、競合する欧米の名だたるメーカー2社と、この特殊機械のグローバルマーケットをほぼ3分していた。

対前年比で倍々の成長。競合社に負けない技術力。何の不安もない。ただ、機械に求められる性能が上がるにつれて、装置も高度化し、機械の価格も上昇する傾向にある。

あるとき、営業担当役員が漏らした一言が、社長の江古谷は気

になっていた。

「機械の高価格化とともに、顧客の工場長レベルでは決済しきれず、本社に決済を仰ぐケースが増えている」

顧客企業は、生産ラインに同種の機械を導入する際、必ず競合２社と性能比較や見積比較をしている。他の２社とは、一般の消費者でも聞いたことのある著名なブランド企業である。他方葛飾産業はといえば、この特殊機械製造に特化してきたがために、一般の人はおろか事務方の経営者にも馴染みの薄いブランドだった。

現場の購入担当者は、技術重視でブランド重視ということはない。価格と性能が見合えばどのメーカーのものでもよいし、葛飾の機械が、性能面でもコストパフォーマンスの面でも優れていることは十二分に理解している。しかし、決済が本社に上がったとき、稟議書に印を押す現場を熟知しない役員は、葛飾の良さをわかってくれているのだろうか。

果たして、機械が高度化、高額化するにつれて、欧米はもちろんのこと、日本やアジアの国々でも、しばしば競合社にうち負かされる事態が起こりはじめた。それも、他社を下回る価格を提示したにもかかわらず、負けるのである。

そこで江古谷は、営業担当役員に命じて、日本、米国、ユーロ、アジアでの主要取引先担当者にヒアリングを実施させた。また、日米欧で年一回開催される展示会でも、来場者にアンケートを配布した。

「やはりそうだったか」……報告を聞いた江古山は嘆息した。幅広い分野で製造用マシンをつくるだけでなく、Ｂ２Ｃ商品も手掛

ける競合社は、経営トップ層にも馴染みがあり、結局それが信頼に繋がっていた。逆に葛飾は、認知が低い→安かろう悪かろう、という認識に繋がっていたのだ。また、自信を持って他社とはまったく違う技術アプローチをしてきたのに、競合社の二番煎じに映っており、葛飾産業の「顔」や「哲学」が見えていなかったのだった。

　葛飾産業（Katsushika Industries）という社名を、技術力のある機械メーカーではなく、機械商社のように受け止めている人すらいた。そもそも葛飾とは、創業の地である東京都葛飾区に由来するもので、設立10年目に現在の本社所在地である千代田区に移転した際に社名変更を検討したものの、技術力があればいい、とばかりに放っておいたのだった。

　社長の江古谷は役員会を招集し、調査結果を担当役員に報告させ、即刻ブランド戦略に着手することを宣言し、選抜メンバーでコミッティを立ち上げた。

　他社は、葛飾に比較して、企業規模でも製品領域でも勝っていたし、当然コミュニケーション投下量も格段に違った。では、顧客に何を約束し、どこで差異化すればよいのか。また、大規模な企業と肩を並べるにはどういうブランド力を手に入れればよいのか。当然、まとまった広告宣伝予算など葛飾では捻出できないという前提条件がある。

　そこで、他社と比較して、葛飾のどこに強みがあり、どこが弱いのか、どういう市場環境があるのかなどを、SWOT分析してみた（S＝Strengths 強み、W＝Weaknesses 弱み、O＝Opportunities

機会、T＝Threats 脅威)。すると、次のような結果が出た。
- 強み：特殊機械の分野に特化していること。当該分野の研究開発、製造、販売体制における実力・体力ともに他の2社にひけを取らないこと。価格競争力があること。顧客ごとのさまざまな要請や環境に、個別的に応える能力があること
- 弱み：認知率が低いこと。Ｂ２Ｃ接点を持つ他の2社に比較して顧客接点が限定されること。CBが確立されていないこと
- 機会：今後世界的に同分野における市場が拡大すると見込めること。とりわけ中国市場での需要が高まりつつあること
- 脅威：周辺機器メーカーが当該市場に参入する可能性があること。機械性能が高度化、複雑化する中で、企業信頼性が一層問われるようになること

こうした背景を認識しながら、葛飾が顧客企業に提供できる価値やビジョンを策定した。専業メーカーであることを逆手にとって、その専門性を徹底訴求するとともに、この専業分野でのコア技術を活用して、今後の事業展開を明確に示すことにした。
- ブランドバリュー：特殊な○○という専門分野に特化した真のスペシャリスト。顧客企業の課題を顧客視点で捉え、解決のために1社1社にカスタマイズしたソリューションを提示できる
- ブランドビジョン：○○分野で培った□□テクノロジーをさらに高めて、周辺機器や、将来有望な△△分野にも展開していく

つまり、葛飾は、分野特化しているからこそ、分野課題にフォーカスし、さらにオーダーメイドのサービスを提供できるところに価値がある、とのスタンスを明確にしたわけだ。株主価値にも言及して、これらを「コミットメント」として取りまとめた。
　また、その宣言の裏付けとして、次のような実態としてのサービスを強化することにした。

- 24時間体制のオンライン相談サービスを開始
- 地域販売代理店を活用して、トラブルへのレスキューサービスを実行
- それに伴い部品ストック強化とデリバリー体制を刷新
- 機械デザインの向上。特にオペレータとのインターフェースを改善

　さらに社名にも手を付けた。商社に間違えられるような「産業」を社名から外し、「KATSUSHIKA」をCBとして視覚化。すべてのブランド価値を蓄えていく先をこのアルファベットのCBに託し、新開発のコーポレートスローガンと一緒にセットロゴ化した（関係者間では一定の認知を得ているので、抜本的な変更は避けた）。
　顧客とのコンタクトポイントが少ない同社では、以下のような施策を講じて、体験のブランドリングを広げるよう努めることにした。

- 明文化したブランドコミットメントを全顧客企業の担当者およびトップ層に送付

- 大量広告投下ができない代わりにウェブサイトを充実
- ブランドブック型のコーポレートブロシュアを制作
- ウェブサイトとブロシュアの上でもコミットメントとブランドスローガンを掲出
- 地域販社と主要代理店に体験型ミニショールームを開設
- 展示会ブースは新CBを前面に押し出す新しいデザインに変更（ただし、このために発生するコストの見合いとして、中期的に使い回しが効くユニット型ブースにするなどの工夫も忘れなかった）
- 積極的に日米欧アジアでプレスにリリースを送致
- 江古谷自らがトップ行脚でクライアントキャラバンを実施。IR説明会も合わせて強化
- ISO14001は認証を取得済みだが、さらにCSRへの取り組みにも着手

葛飾産業からKATSUSHIKAへ。CBも刷新し、特化型ゆえの強みを自信をもって打ち出した同社のニューモデルは、競合社に競り勝って、好調なスタートを切った。

仮想プロジェクト3
ある大手メーカーのグローバルブランド統合プロジェクト

CASE-3

　耐久消費財の大手メーカー、飛翔電子工業の広報宣伝部に在籍する大阿佐林太郎は、ある日、社長の百済森之介から『ブランド推進室』の立ち上げを直々に命じられ、室長を拝命した。

　就任1年目の百済は、先に発表した新中期経営計画の中で、同社の「ブランド力強化とそのための再構築」を掲げていた。技術畑の出身者がトップを勤めることの多い同社だが、営業畑出身の百済が、二階級特進で社長に抜擢されたのは、世界市場で近頃同社がいささか劣性に立たされていたことに加えて、国内市場でも外資の参入が相次ぎ、内なるグローバル化が進んでいたことも無関係ではなかった。中国市場におけるシェア獲得も、同社の大命題となっていた。米国法人のトップも勤めたことのある百済が、国際感覚に溢れたマーケティング志向の社長として、同社の世界戦略の練り直しに立ち向かうことになったのである。

　かつて、国内営業部時代、大阿佐は百済の部下であった。当時、新製品の販売戦略で、強力に上司をサポートしたことがあった。また大阿佐は、営業や広報宣伝だけでなく、経営企画や開発関連の部署でも活躍したことがある。この経験が、社内横断型のプロジェクトであるブランド戦略の社内調整役、交渉役として適任と判断されたのだろう。

ブランド推進室の旗揚げにあたり、百済は、社長自らがブランド構築の旗振り役となること、必要な予算は確保すること、の２点を約束した上で、大阿佐に次のように命じた。

・世界でバラバラになっている同社のコーポレートブランドを統合すること
・その上でブランド強化のための施策を考えること
・２年で結果を出すこと
・そのためなら、社内におけるいかなる軋轢や抵抗も跳ね返すこと（社長特命案件として百済自身が盾になると約束した）

　飛翔電子工業は、世界に知られたCB『ペガサス（PEGASUS）』を保有していた。競合先は国内、欧米はもとより、韓国でも台頭しつつあった。消費者に購入してもらうには、まず、当該分野のブランドとして、第３位までに想起されなくてはならない。とりわけ、正面競合である欧州A社と米国B社と肩を並べる位置にまで浮上しなくてはならない。

　「A社は最近画期的な新製品を投入して、勢いがあるが、B社は安値攻勢に転じて、近年営業利益率が下がり有利子負債も増加傾向にある。残るC社とD社はブランド力では当社といい勝負だ。だから今こそチャンスなのだ」

　そう、社長の百済は大阿佐にはっぱを掛けた。

　大阿佐は、２年という期限付きのこのプロジェクトのために、大きな設計図を描いた。

　１年目の前半で、社内体制を整えるとともに、グローバル規模

でのリサーチを実施し、同社のポジションを把握すること。そしてできることなら、ブランド強化のための仮説方針まで出してしまう。下半期では役員会での承認を受けた上で、ブランド再構築のための基盤を作る。2年目では世界に向けた発信の準備と実行をする。ちょうど来期の下半期には、現在開発途上にある新製品が上市の運びである。これを起爆剤として、同社のグローバルブランドポジションを一気に上げようとの目算であった。

「2年ではできない。3年ください」

そう大阿佐は社長に懇請したが、「A社がますます先行してしまうし、C、D社でもブランド戦略練り直しの動きがある今、のんびり構えてなどいられない」と一蹴された。

それに、「ブランド構築は企業にとっての永遠の命題。始めたら止めるわけにはいかないのだから、問題があったらその都度補正すればいいじゃないか」というのが百済の持論であった。

大阿佐の目まぐるしい日々が始まった。広報宣伝、経営企画、知財からコアメンバーを集め、製造、開発、国内・海外営業からも、アドバイザーとして知恵を得たりコンセンサスを取れる体制をつくった。また、事務局役として、若手室員を3名確保した。

かねてより自己研鑽と考え読んでいたブランド戦略関連の本を、今一度読み直し、室員にも読ませた。ただし、こうした机上の勉強に時間を割いている暇はない。著名なブランドコンサルティングファームと広告代理店数社に声を掛け、マーケティング関連とデザイニング関連でそのうちの2社を選び、早速戦略推進のサ

ポートを頼むことにした。

　2年間のうちの第1期（6ヶ月）で大阿佐が実行したことは次のとおりだ。

(1)　国内と欧、米、中国を含むアジアの主要都市で、同社のCBと競合社CBの認知、知覚、接触、利用意向などの調査を実施（約7,000サンプル）

(2)　店頭、売場における同社CBと製品の見え方に関する、国内、欧、米、アジアでの視覚監査、ブランド接点調査の実施（約50箇所）

(3)　内外での広告・コミュニケーション場面における同社CBの露出状況と知財部門での商標登録状況の確認

(4)　創業経緯や創業者の思い、創業以来の同社の歩みや方向転換の節目、きっかけなどの確認

(5)　これらの調査を通してあぶり出された課題の抽出と、ブランド再構築にあたっての方向性の提示

これらの結果、さまざまなことが判明した。

・CB認知度はそこそこだが、知覚品質が低く、商品ブランドと接触していても同社の製品とは認識されていない場合があること

・そもそも商品ブランド訴求重視できたために、商品とCBが結びついていないこと

・その結果、CBに対する利用意向が低いこと

・社名である「飛翔」を国内と一部アジア地域で展開しているため、社名とCB（ペガサス）が結びついていないこと。価値

の蓄積が社名とCBに分散してしまっていること
・米国、欧州、アジアでのCB展開上のルールが、それぞれの現地法人や代理店任せになっていて、統一したフォーマットがないこと。これがブランド接触の認識をさらに押し下げていること
・一方、創業以来、同社には特筆すべき姿勢や製品開発への方針があり、これが同社の活動のあらゆる局面におけるDNAになっているということ

　第一次役員会報告を終えたところで、大阿佐は再び百済に本プロジェクトの期限を3年にするよう要請したが、またあえなく却下された。

　1年目の下半期、第2期、推進室と大阿佐は、調査レポートの読み込みを進めながら、さらに同社の提供しているブランド価値は何であり、他社とどう異なった位相に立っているのか、即ち同社CBのブランドコンセプトとは何なのかを定義する作業に入った。もちろん、間もなく創立60年を迎える同社の創業以来堅持してきたフィロソフィーをコンセプトに籠めることも忘れなかった。
　社是・社訓のブラッシュアップ、社内に向けたメッセージの整理。これらにはブランドのチアリーダーとなると自ら宣言した社長が、会長および存命中の過去のリーダーたちへの根回しも含め、率先して参画した。
　1年目の終わり、春の足音が聞こえ始める頃には、ブランドバリューやブランドビジョンとともに、新しいブランドプラット

フォームがほぼ整い、社内に打ち出す新しい価値体系を示す新理念や、対外的なブランドスローガン原案がまとまってきた。

さらに、ブランドの価値の蓄積をCBに一本化するために、今や意味を成さなくなった小さな製品ブランドの整理や廃止を相次いで決めた（マルチブランドが有効な企業もあるが、同社には強いひとつのCBが向いているとの判断のもとにである）。

同じ趣旨で、社名も飛翔電子工業株式会社から、CBであるペガサス株式会社へと変更することも決定した。無論、社内には、創業以来の社名への愛着が残っており、大勢の抵抗があったことも事実だが、役員会では変更することで満場一致した。まさに社長のリーダーシップがいかんなく発揮された瞬間だった（同年6月の株主総会で、社名変更は正式に決議された）。

2年目の上期、第3期に突入すると、世界3万人に対して、ブランドコンセプトやCB再構築への取り組みを知らせるブランドブックが配布された。

そして同時に、世界でバラバラになっていた対外コミュニケーション上のデザインやワーディングの統合作業が始まった。そこでは、CBロゴの精緻化と、ロゴと世界統一新スローガンの一体化が図られた。さまざまな色が野放図に使用されてきた各種媒体においても、厳格に統合フォーマットを規定し、カラーパレット設定に伴う色の使用基準も設けられた。もちろん、CBカラーはひとつに絞り込まれ、マテリアルによる制約がない限り、ブランドロゴを別の色で表示してはならないと決定したことは言うまでも

ない。ペガサスらしい表現を規定していく作業といえるだろう。

　2年目の下半期、第4期は、世界におけるコミュニケーション（顧客コンタクトポイント）の差し替え準備である。国内の制作会社でつくられた新しい企業広告（CB広告）が完成し、役員会でもお披露目がなされた。ペガサスの新たな価値を見る人に実感させ得る仕上がりだった。サウンドロゴやモーションロゴを伴ったものである。海外法人や代理店において、各地域のカルチャーにアプライする作業が続いた。

　また、開発が進められていた新製品も、すでに技術陣の満を持して、出番が来るのを待っていた。ペガサスの提供価値を一身に集約したような、素晴らしい製品だった。この新製品のプロモーションを行うこと自体が、グローバルに統合されたCBの価値向上へと繋がる仕組みであると大阿佐は考えていた。

　かくして〇〇年4月、強化されたペガサス社のCBと新製品は、国内とグローバル市場にデビューした。ブランドの背景には必ずファクトがある。そのファクトとは、これまで培ってきた企業としての消費者への思いであり、それが結実した製品である。また、絶えることなく連綿と綴られてきた社員の気持ちであり、彼らの振る舞いである。

　自信をもってお披露目された新製品は、磨き上げられたCBと一体となって、世界の消費者、生活者に迎えられた。またミラー効果も働いて、世界3万人の従業員の気持ちも、さらにひとつに纏まっていった。

新CB導入半月後、世界主要市場で行われた調査の結果、認知、知覚、接触、利用意向のすべてにおいて、ペガサスはポイントを上げ、B社を抜き去ることができた。首位のA社へあと一歩というポジションを得たのである。
　大阿佐は百済の強いリーダーシップの下で、2年という短期間でブランドのグローバル統合を果たし、一定の評価を獲得することができたのだ。

　社長からブランド推進室長を拝命してから3年半の歳月が流れていた。秋風が街に吹く頃、大阿佐は社長室に呼び出されていた。
　百済は大阿佐にこう言った。
「よくやってくれたね。でもブランド構築は前にも言ったが永遠の企業命題だ。気を抜くことなく、この先もよろしく頼む」
　大阿佐を含むブランド推進室は、その年の暮れ、新製品開発チームとともに、社内の報奨制度による表彰を受けた。

　以上のように、仮想プロジェクトを通して、多様なブランディングケースを見ていただいたが、いずれの場合もトップが本気になって、自社のブランド構築に邁進する、という点が共通している。
　本書をお読みいただいたあなたが、経営者である場合は、どうぞ果敢に、ブランド構築にチャレンジしていただきたい。
　本書をお読みいただいたあなたが、現場の一担当者であれば、ご注意いただきたい点がある。ボトムアップ型のブランディングもあるが、そのときは現場レベルだけで進めず、ブランド構築の必要性をトップ

に認識させる努力をすることである。経営層を関与させないと（あるいは本気にさせないと）、組織横断的に実施しづらくなり、大層骨が折れることになるし、時間もかかってしまう。トップを説得するのも、担当者としてのチャレンジなのである。

　また、上記仮想プロジェクトでおわかりのとおり、ブランディングには企業規模の大小は関係ない。小粒な企業、起業間もない会社でも、ステークホルダーの心を捉えるブランドを創り上げて、飛躍するチャンスがあるのだ。

　どうぞ、チャレンジを。

付　録
グラムコ定期ブランド調査・2004年版（抜粋）

グラムコでは、1998年以来2年に一度の割合で、首都圏でブランド実態調査を実施してきた。今回は四度目の調査となる。その調査内容をすべて開示することはできないが、基本的に、ブランド認知調査、想起調査、各業界分野ごとの第一想起ブランド、想起ブランドとの接点調査、などを行っている。

　今年は5月に、500サンプルに対して、首都圏5箇所で実施した。独自調査ということもありサンプル数は絞り込んでいるが、10代後半〜50代まで5世代層、男女同数で実施し、少サンプルながら有意性のある結果を得て、日々のブランディング業務に反映させている。

　以下に、その調査結果の要点のみお知らせする。

1）ブランドは一極集中

　特にブランド構築に熱心な企業ブランドや事業ブランドが、「あなたにとってブランドと言えば？」という質問による純粋想起で、上位に挙がっている。98年の調査ではトップ10にすら入らなかったルイ・ヴィトンは、いまや圧倒的な強さを誇っている。日本人がヘビーユーザーとなっている当該ブランドの、日本市場戦略への注力と、着実な成果が見てとれた。トヨタやソニーも相変わらず強い。

2）ブランド品、ブランドものから、ブランド企業へ

　一般生活者の感覚も、ブランド＝ブランド品、ブランドもの、という概念から、ブランドは業種を問わず企業のCBである、という認識が、徐々にではあるが定着してきた。これは、マスコミ等でブランド特集やブランド価値評価の話題が多出したことによるだろう（当社が執筆

想起ブランドとの接点/ルイ・ヴィトン

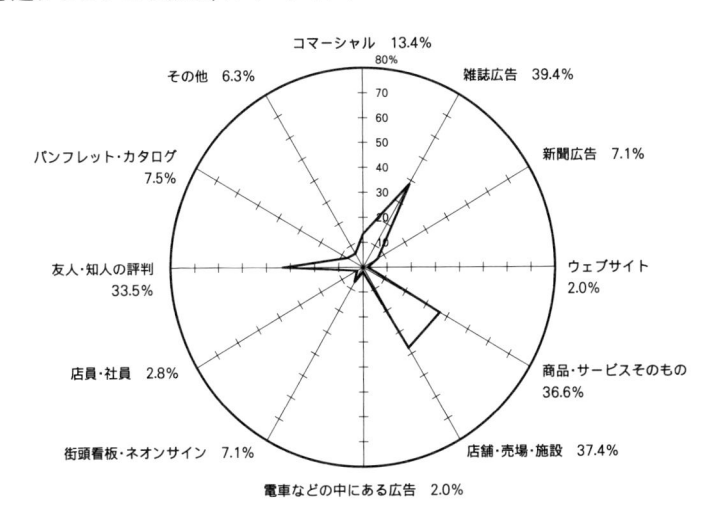

- コマーシャル　13.4%
- 雑誌広告　39.4%
- 新聞広告　7.1%
- ウェブサイト　2.0%
- 商品・サービスそのもの　36.6%
- 店舗・売場・施設　37.4%
- 電車などの中にある広告　2.0%
- 街頭看板・ネオンサイン　7.1%
- 店員・社員　2.8%
- 友人・知人の評判　33.5%
- パンフレット・カタログ　7.5%
- その他　6.3%

想起ブランドとの接点/トヨタ

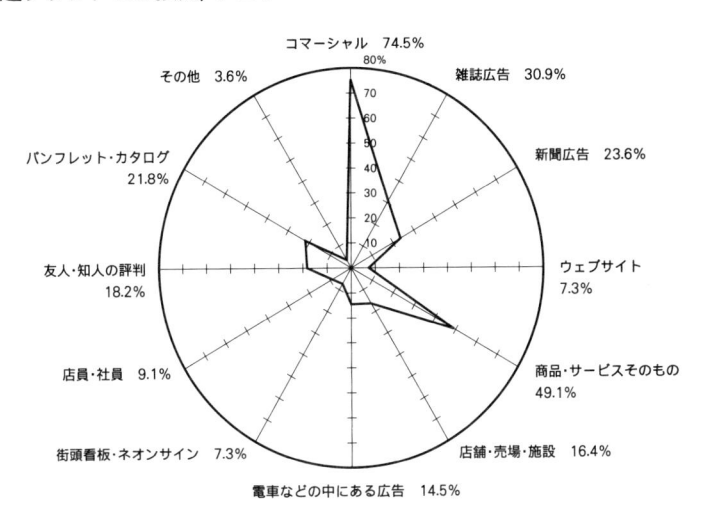

- コマーシャル　74.5%
- 雑誌広告　30.9%
- 新聞広告　23.6%
- ウェブサイト　7.3%
- 商品・サービスそのもの　49.1%
- 店舗・売場・施設　16.4%
- 電車などの中にある広告　14.5%
- 街頭看板・ネオンサイン　7.3%
- 店員・社員　9.1%
- 友人・知人の評判　18.2%
- パンフレット・カタログ　21.8%
- その他　3.6%

してきた一連のブランド事例紹介本なども多少貢献しているのではないかと自負している)。つまり、生活者のブランドに対する認識が明確に変化したことにより、企業も、消費者・生活者がより厳しい目で企業やブランドを見つめている、という事実を認識すべきである。

3) 業種別想起では
　トップブランドへの集中度合いが異なる

　自動車でトヨタが、インターネットプロバイダでヤフーが、化粧品で資生堂がダントツトップであるのに対して、食品や金融では上位集中が低いなど、業種別に傾向が出ている。高額品、耐久消費財、嗜好サービスでは上位集中が高い傾向にある。

4) 媒体より場の体験

　ブランドコンタクトポイントが広がる中、CM、雑誌のような既存メディアでの接触は今でも高いものの、「店舗、売場、ショールームなどの展示場」といった「リアルな場での接触」を挙げる人が非常に高いという結果になった。

5) 海外ブランドの台頭

　内なる国際化の象徴として、高額なブランド品の世界以外でも、上位に海外ブランドが食い込んできている。日本市場を足場として、世界展開する際の強みとしてきた日本企業は、まず牙城である国内市場を死守する必要があるといえる。

各分野ごとのブランド想起

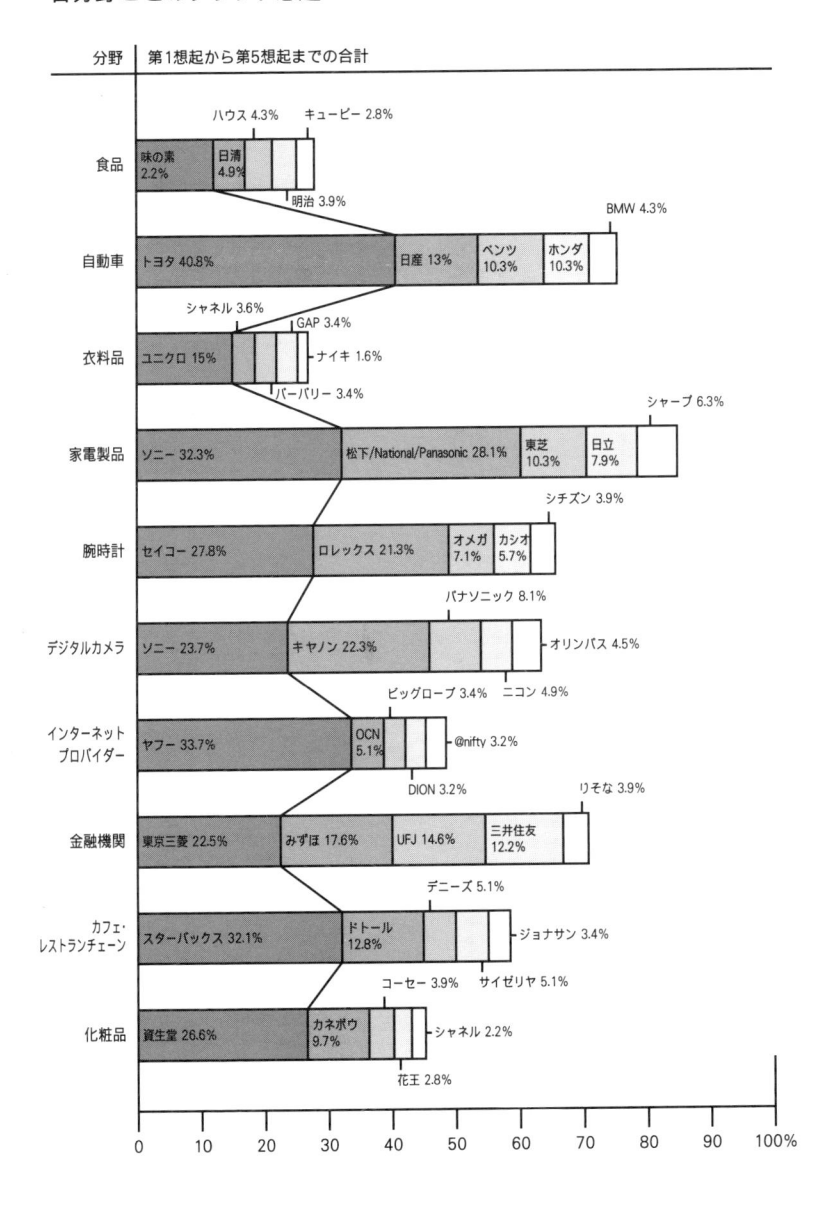

| 分野 | 第1想起から第5想起までの合計 |

食品: 味の素 2.2%、日清 4.9%、明治 3.9%、ハウス 4.3%、キューピー 2.8%

自動車: トヨタ 40.8%、日産 13%、ベンツ 10.3%、ホンダ 10.3%、BMW 4.3%

衣料品: ユニクロ 15%、シャネル 3.6%、バーバリー 3.4%、GAP 3.4%、ナイキ 1.6%

家電製品: ソニー 32.3%、松下/National/Panasonic 28.1%、東芝 10.3%、日立 7.9%、シャープ 6.3%

腕時計: セイコー 27.8%、ロレックス 21.3%、オメガ 7.1%、カシオ 5.7%、シチズン 3.9%

デジタルカメラ: ソニー 23.7%、キヤノン 22.3%、パナソニック 8.1%、ニコン 4.9%、オリンパス 4.5%

インターネットプロバイダー: ヤフー 33.7%、OCN 5.1%、ビッグローブ 3.4%、DION 3.2%、@nifty 3.2%

金融機関: 東京三菱 22.5%、みずほ 17.6%、UFJ 14.6%、三井住友 12.2%、りそな 3.9%

カフェ・レストランチェーン: スターバックス 32.1%、ドトール 12.8%、デニーズ 5.1%、サイゼリヤ 5.1%、ジョナサン 3.4%

化粧品: 資生堂 26.6%、カネボウ 9.7%、コーセー 3.9%、花王 2.8%、シャネル 2.2%

6) マルチブランド「松下」

　家電製品で、トップに想起するブランドとして、パナソニック、ナショナル、松下の3つを挙げる人を一まとめに集計したところ、ソニーに4ポイントと迫る2位となった。ひとつのブランドに価値を集約するというのが王道ではあるが、アキュミュレートした結果が高ければいいではないか、という発想もあり得る。ロレアルのようにマルチな展開を行うジャパンブランドが、これから台頭するかも知れない（松下は海外ではパナソニックにブランドを一本化することが昨年決まっている）。ただしコミュニケーションコストが高まるという覚悟は必要。

想起ブランドとの接点 サンプル数500人（複数回答）

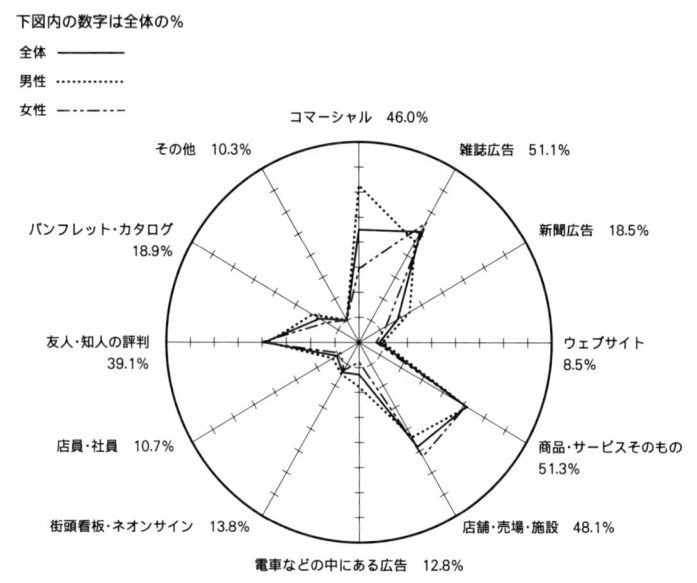

下図内の数字は全体の%

全体 ―――
男性 ……
女性 ―・―

- コマーシャル　46.0%
- 雑誌広告　51.1%
- 新聞広告　18.5%
- ウェブサイト　8.5%
- 商品・サービスそのもの　51.3%
- 店舗・売場・施設　48.1%
- 電車などの中にある広告　12.8%
- 街頭看板・ネオンサイン　13.8%
- 店員・社員　10.7%
- 友人・知人の評判　39.1%
- パンフレット・カタログ　18.9%
- その他　10.3%

7）男・女で差異が大きい

　ブランドとの接触を示す想起コンタクトポイント調査では、男・女差が著しく表れた。CM接触は男性のほうが女性より（意外にも）圧倒的に高い、店舗やショールームでの接触は男性より女性のほうが多少高い、などである。メディア重視傾向が男・女で異なるという実態が浮き彫りにされた。

8）企業によって異なるブランドコンタクトポイント

　自動車のトヨタはCMが圧倒的なブランド接点であるのに対して、ルイ・ヴィトンは広告をあまり掲出していないこともあり、圧倒的に店舗での接触が高い。効率的なストック型コミュニケーションを考える上で参考になる。

9）レピュテーションは強い

　友人、知人の評判を、想起ブランド接点として挙げる人が多かった。口コミや噂や風評の重要性が高いことはある程度認識されてはいるが、今後の企業ブランド活動にとって見逃せないポイントになったといえる。レピュテーションをどうコントロールし、発信するかが課題。

　その他さまざまな項目で調査しているが、特にエポックメイキングな「想起ブランドとの接点」「各分野ごとのブランド想起」に関する結果をグラフで掲載した。参考にされたい。

　なお、グラムコでは、2004年8月より、こちらも2年に一度の間隔

で、当社現地法人「グラムコ上海」のある中国・上海で、同様のブランド定期調査を開始している。こちらの結果は、また別の機会にご紹介したいと思う。

参考文献

『ブロードバンド普及世帯率ほか』情報通信研究所2002年調査
『脳トレ』リチャード・レスタック著　アスペクト社　2003年
『脳を究める－脳研究最前線』立花隆著　朝日新聞社　1996年
『ライブマーケティング』田中双葉・小野彩著　東洋経済新報社　2003年
『あのブランドばかり、なぜ選んでしまうのか』アンドレアス・ブーフフォルツ、ボルフラム・ボルデマン著　東洋経済新報社　2002年
『ブランド資産価値経営』スコット・M・デイビス著　日本経済新聞社　2002年
『社会人として大切なことはみんなディズニーランドで教わった』香取貴信著　こう書房　2002年
『経験価値マーケティング』バーンド・H・シュミット著　ダイヤモンド社　2000年

参考著者文献

『パワーブランドカンパニー』山田敦郎・グラムコ著　東洋経済新報社　2003年
『ブランドチャレンジ』山田敦郎・グラムコ著　中央公論新社　2004年

著者紹介

山田敦郎（やまだ　あつろう）

1953年（昭和28年）兵庫県神戸市生まれ。
1976年慶應義塾大学法学部を卒業。日本楽器（現ヤマハ）嘱託としてデザインを学び、大学在学中に企業イメージをデザインする組織を立ち上げる。1976年総合商社の丸紅に入社。欧・北アフリカでの海外研修、海外駐在を経験。1987年同社を退職後、CIとブランディングを手がけるグラムコ株式会社を設立。現在まで同社代表取締役。現在日本CI会議体幹事。日本グラフィックデザイナー協会正会員。手掛けたCI・ブランディングは100を超え、実務の第一人者としてグラムコをわが国を代表するブランドコンサルティングファームに育成する。
著書に『マーク（ブランドの向こうに見えるもの）』（読売新聞社）、『パワーブランドカンパニー』（東洋経済新報社）、『ブランド力』『ブランドチャレンジ』（中央公論新社）等がある。

グラムコ株式会社

1987年設立の和製ブランディング専業ファーム最大手。リサーチ・アナリシスからコンセプション、ネーミング、デザインまで一貫したブランド構築プロセスをサポートしており、社内に戦略・コンセプト構築部門、制作部門、ウェブモーションチーム、店舗などのスペースブランディングを手掛ける店舗・オフィス設計部門を擁している。
また、東京・大阪のほか、フランス最大のドラゴンルージュ社（パリ）と業務提携するなど欧米にネットワークを形成し、2004年5月には中国・上海にグラムコ上海（格拉慕可企業形象設計諮詢上海有限公司）を設立。日系企業、日中合弁企業、中国企業のブランディングサポートを開始している。

表紙／イラスト：山崎理永（グラムコ制作カンパニー）
進行：前田良樹（グラムコ営企統括本部）

本書に対するご意見・ご感想は info@gramco.co.jp までお送り下さい。

著者との契約により検印省略

平成16年10月15日　初版第1刷発行

探求メジャーブランドへの道

著　者	グラムコ株式会社　山田敦郎
発行者	大　坪　嘉　春
整版所	松　澤　印　刷　株　式　会　社
印刷所	松　澤　印　刷　株　式　会　社
製本所	株　式　会　社　三　森　製　本　所

発行所	東京都新宿区 下落合2丁目5番13号	株式 会社	税務経理協会
郵便番号 161-0033	電話　(03) 3953-3301（編集代表） 　　　(03) 3953-3325（営業代表）	振替　00190-2-187408 FAX　(03) 3565-3391	

URL　http://www.zeikei.co.jp/
乱丁・落丁の場合はお取替えいたします。

© 山田敦郎／グラムコ株式会社　2004　　　Printed in Japan

本書の内容の一部又は全部を無断で複写複製（コピー）することは、
法律で認められた場合を除き、著者及び出版社の権利侵害となりますので、コピーの必要がある場合は、予め当社あて許諾を求めて下さい。

ISBN 4-419-04464-0　　C 2034

LIZATION OF BRAND / PLANNING AND MANAGEMENT OF BRAND EXPERIENC
DEL DETERMINES BRAND CORE VALUE / BRAND / PHILOSOPHY / BRAND VISIO
TIONING / CONTACT POINT COMMUNICATION / BRAND STRUCTURE / STRATEG
BY GRAMCO / BRAND WORLD DESIGN / CHALLENGE CREATING YOUR BRAND